もっと知りたい身延山

—身延山検定付—

さだるま新書

日蓮聖人御降誕八〇〇年慶讃記念出版

もっと知りたい身延山＊身延山検定付

目次

もっと知りたい身延山

第三章　身延山の堂宇

第四章　身延山の儀礼

第五章　身延山と関連のある寺院

第六章　信仰伝承と法華信徒

目　次

はじめに

筆者は、かつて身延山の歴史に関する書物として『御宝物で知る身延山の歴史』・『身延山を歩く』・『身延山参詣道を歩く』を刊行しました。これはいずれも初心者に向けて編集した書物です。本書は、これらの書物を受けて、「もっと身延山のことを知りたい」人や「身延の歴史と文化について深く学んでみたい」人に向けた内容にしました。その骨格は、日蓮宗総本山身延山久遠寺の広報誌『みのぶ』に「もっと知りたい身延山」として連載したもので、これに少し手を加えました。特に、日蓮宗の檀信徒や身延山史を研究する人へ、身延山という霊場について知識を深めてもらいたいと思い、テーマ別に編集しました。

『みのぶ』誌へ最後に掲載してから早七年の歳月が経過しましたが、筆者は『みのぶ』誌の読者以外の人が身延山のことについてどれだけ知っているか、また新たに知ってみたいことがあるのか、改めて確かめてみたいという衝動に駆《か》られました。

そこで、本書の刊行を思い立った次第です。

読者の皆さんが身延山の歴史や文化について調べ、レポートや研究を纏めることができるような構成を心掛けました。また、巻末に身延山を知るための簡単なクイズ（検定）を掲載しましたのでチャレンジしてください。

最後に、筆者が刊行した身延山関係図書と併せて、本書が身延山について知識を深めるための一助となれば幸いです。

平成三十一年（二〇一九）三月彼岸

経塚山内にて
望月　真澄

一、身延山という霊場

四山四河

　六十一年の生涯を全うした日蓮聖人は、晩年お住まいになった身延山の環境を四《し》山《せん》四《し》河《か》と位置づけています。四山とは、東に天子ケ岳《てんしがたけ》（天子山）、西に七面山、南に鷹取山《たかとりやま》、北に身延山で、四河とは、身延川・波木井《はきい》川・早川・富士川です。いずれも、現在の身延山において確認することができ、聖人が身延山での情景を記したご遺文にも記されるところです。その中でも、弘安《こうあん》三年（一二八〇）著作の『秋元御書』を紹介します。「北は身延山、南は鷹取山、西は七面山、東は天子山也。板を四枚《しまい》つい立《たて》たるが如し。此外《この》を回《めぐり》て四《よつ》の河あり。従《きたよりみなみ》レ北南へ富士河、自《にしよりひがし》レ西東へ早河、此《これ》は後《うしろ》也。前に西より東へ波木井河中《のなか》に一《ひとつ》の滝あり。身延河と名《なづ》けたり。中《ちゅう》天竺之《てんじくの》鷲峰山《じゅほうせん》を此処《ところ》に移せる歟《か》。将又漢土《はたまたかんど》の天台山の来《きたれ》る歟と覚《おぼ》ゆ」（『昭和定本日蓮聖人遺文』〈以下、定遺と記載します〉一七三九頁）。これより、身延山はインドで釈尊が法華経を説かれた霊鷲山《りょうじゅせん》、中国の天台大師ゆかりの天台山と同じ山であることが明確に示されています。

身延山信仰が浸透してくる江戸時代以降になると、身延山の霊場は五嶽八渓《ごがくはっけい》の説がうたわれるようになります。五嶽とは、北に白根山（北岳・間ノ岳《あいのだけ》・農《のう》鳥岳《とりだけ》の三〇〇〇m級が列なる白根三山）、南に鷹取山、東に天子ケ岳、西に七面山、中央は身延山で、日蓮聖人のお示しになった妙法五字を表しています。八渓は、東谷・西谷・南谷・鶯谷《うぐいすだに》・蓮華谷・醍醐谷《だいごだに》・金剛谷・中谷で、妙法蓮華経八巻の功徳を示しています。

五嶽八渓（『法華諸国霊場記』）

また麓の川とは、北に早川、南に波木井川、東に富士川、西に大城川とし、世界に妙法（題目）が弘まっているありさまを示しています。これは明治十五年（一八八二）に出版された『法華諸国霊場記図《ず》絵《え》並《ならび》二定《じょう》宿附《やどつき》全《ぜん》』にも記され、法華信徒にとって身延山が日蓮聖人の根本霊場として次第に把握されていったことがわかります。

　奥之院山頂に歩いて登ると、これらの山々や川の存在を確認することができます。身延山という霊場は日蓮聖人が晩年棲《す》まわれた霊場です。そして、日蓮聖人の御廟所《ごびょうしょ》があるところから聖人の御魂《みたま》が棲む山ということで、祖山《そざん》と呼ばれ信仰されています。天気の良い日に本堂裏手から上《うえ》の山を経て奥之院に歩いて登詣してみましょう。一般

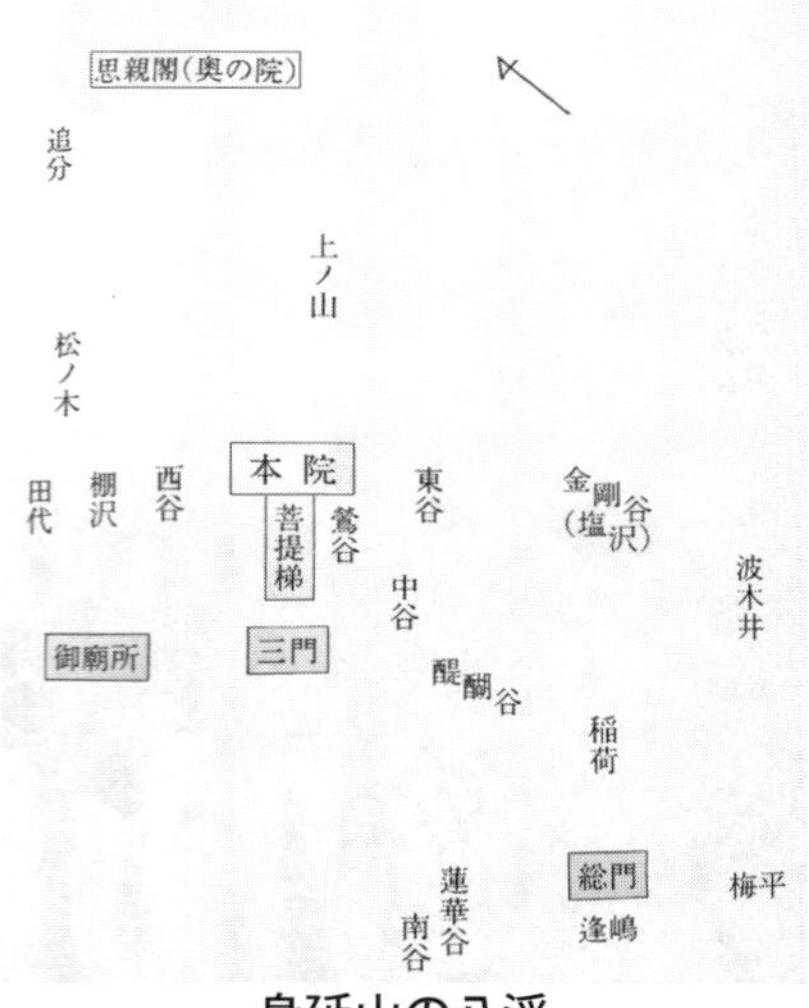

身延山の八渓
（林是晋『身延山久遠寺史研究』より）

(8)

の人で約三時間程かかりますが、約七分間のロープウェイで参詣したのではわからないことが多々あります。聖人は安房国《あわのくに》（千葉県南部地域）に住む両親を偲び、この道を登られたからです。身延山の各霊場を歩いてみると、発見することが多々あります。鎌倉時代に身延山にお棲まいになった日蓮聖人のご心境が理解できるかもしれません。

本堂の墨龍

龍は仏法を守護する神であるところから、寺院の堂宇や境内の各所に祀られます。十二支は「子・丑・寅・卯・辰・巳・午・未・申・酉・戌・亥」ですが、この中に辰年があります。辰は龍と同じ意味であるため、辰年が龍の年となり、方位は南東となります。「辰」は、訓読すると「たつ」と読み、想像上の動物である「龍」としての意味合いを持つようになりました。龍は法華経の「序品《じょほん》第一」に、釈尊の説法を説くために集まってきた大衆《だいしゅ》の中に挙げられ、天龍八部衆《てんりゅうはちぶしゅう》といわれています。これは①難《なん》陀《だ》龍王、②跋難陀《ばつなんだ》龍王、③娑伽羅《しゃから》龍王、④和修吉《わしゅきつ》龍王、⑤徳叉迦《とくしゃか》龍王、⑥阿那婆達《あなばだつ》多《た》龍王、⑦摩那斯《まなし》龍王、⑧優鉢羅《うはら》龍王の八つで、八つの龍族の王のことを指します。この八大龍王は法華経を信仰する人々を守護することを誓います。

龍は日蓮聖人のご遺文にも度々登場します。「や《矢》のはしる《走》事は弓のちから《力》、くも《雲》のゆくことはりう《龍》のちから《力》、をとこ《男》のしわざは女《め》のちから《力》なり」（『富木尼御前御《ときあまごぜんご》書《しょ》』定遺一一四七頁）とありますが、このお言葉は「ご主人が身延山に参詣できたのは、妻であるあなたのお力ですよ」と富木夫妻を励まされたお手紙に引用されています。「矢が飛ぶのは弓の力によるものであり、雲が行くのは龍の力によるものです。よって、夫の行いは妻の力によるところが大きいのです。煙を見て火を見、雨を見ればそれを降らせる龍を見るように、いま富木殿にお目にかかりましたら、あなたとお会いしたように思われます」と述べられているのです。

インドの霊鷲山で六羅漢《らかん》や諸天・諸菩薩とともに、水の主である八大龍王も幾千万億の眷属《けんぞく》の龍たちとともに、釈尊の教えに耳を傾けました。龍は雨を自由に降らせることができるので、日本でも古くから雨乞いの際に信仰されています。各地で八大龍王に関する神社や祠《ほこら》がよくみられます。身延山内にも「雨乞の滝」が存在し、雨を降らす龍神が棲む滝として崇拝されています。ここは『身延山図経《ずきょう》』で雨乞淵《あまごいふち》と記され、御廟所の裏手奥の方にあります。西谷の信徒研修場の堂宇入口付近にも「八大龍王」と刻まれた石塔があります。

『金光明経《こんこうみょうきょう》』によれば、吉祥天《きっしょうてん》の実父は八大龍王の一人である徳叉迦王で、実母は鬼子母神《きしもじん》（夫は毘沙門天《びしゃもんてん》）といわれています。「八大龍王」は法華経守護の神として日蓮聖人の顕した大曼荼羅にも勧請《かんじょう》されており、古来インドにおいて龍形の鬼神として火を起こし、水雨を司るものとして崇拝されました。よって、日本でも適量の水雨をもたらすことで五穀豊穣《ごこくほうじょう》を約束する農業神として、さらには、火難・水難守護の善神として信仰されてきました。

『身延鑑《みのぶかがみ》』では、七面天女の本地《ほんじ》(元)を吉祥天と弁才天《べんざいてん》(安芸《あき》の宮島の厳島《いつくしま》弁才天)としています。こうしたことから、七面大明神と龍神は深いつながりがあるわけです。そこで、身延山の艮《うしとら》である鬼門の方角に七面山が位置しています。山頂付近には七面大明神が鬼門封じとして祀られていますが、実はこの七面大明神も龍王の娘(龍女《りゅうにょ》)にあたるといわれています。龍は仏法を守護する法華経の神々ですので、私たちも信仰の対象として崇めなければならないといえます。

本堂の天井を飾る加山又造《かやままたぞう》画伯の墨龍の指は五本

本堂天井の墨龍(加山又造・画)

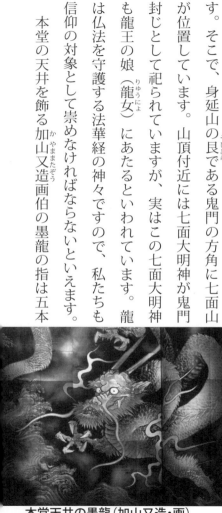

あります。これは外陣《げじん》天井部分に描かれ、四面ありますので四方八方どの位置から見ても睨まれているような構図となっています。

身延山の霊域

身延山は九つの霊域から構成されています。総門域・三門域・本堂域・東谷域・西谷域・御廟所域・上の山域・奥之院域・七面山域です。これは、江戸時代になって構成された霊域です。鎌倉時代の日蓮聖人が身延山にお入りになられた頃は、現在の御廟所域（御草庵《ごそうあん》）にお住まいになり、身延山自体もその場所しか開かれていませんでした。室

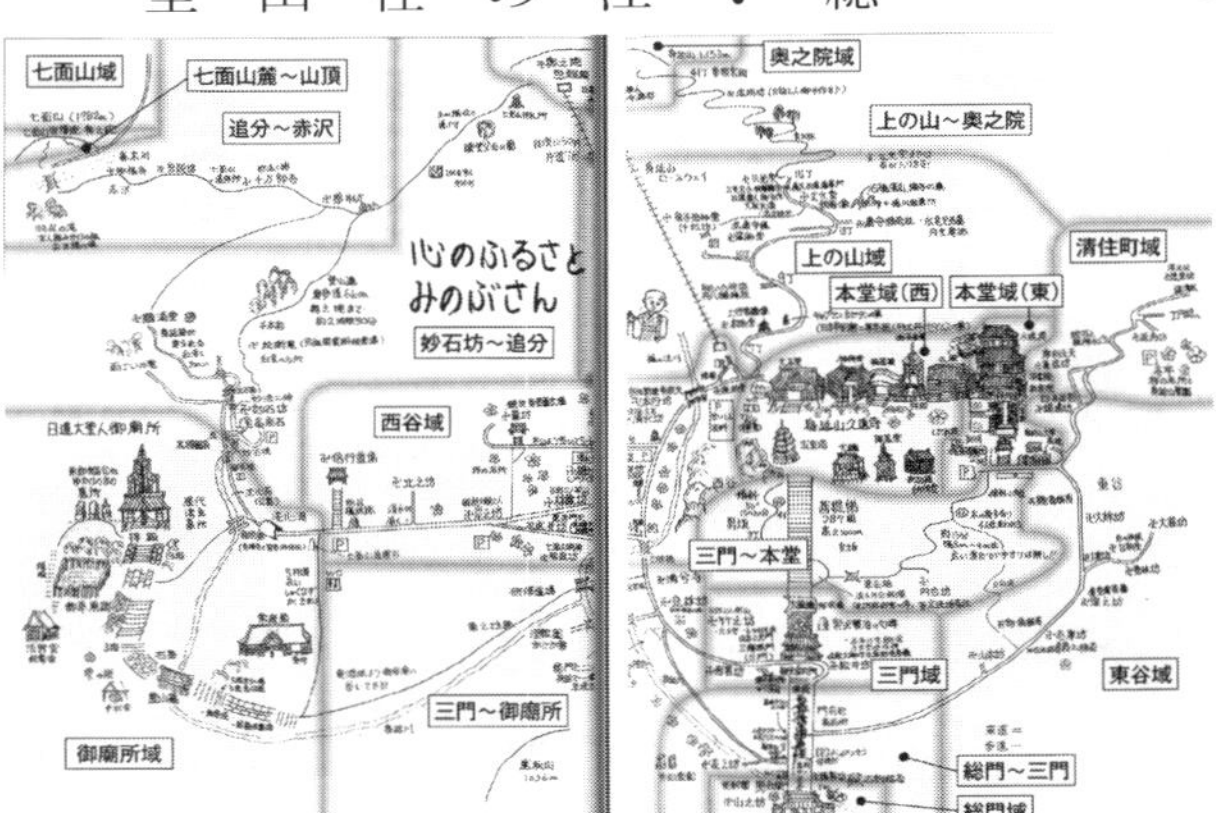

身延山の案内図

町時代の日朝《にっちょう》上人の時代に入って現在の本堂域が開拓されました（異説あり）。

本堂域からは奥之院へ至る参道があります。奥之院へは妙石坊《みょうせきぼう》を経て追分《おいわけ》から登っていく道がありますが、参詣者の多くは本堂裏手から登っていきました。この参詣道途中に江戸時代の年代が記された丁石《ちょういし》の存在が確認できます。鬼子母神堂裏手や鬼子母神堂前にも建てられていますが、これは登詣者の案内石として存在していました。新しい丁石は三門から頂上までの一丁ごとの場所に建てられ、現在も道標としての役割を果たしています。

上の山域は現在、八幡社・丈六堂《じょうろくどう》・三光堂といった堂宇が立ち並んでいます。これは、久遠寺二十八世日奠《にちでん》上人が新たな身延山の信仰域を形成するため

丈六堂前の無縁墓所

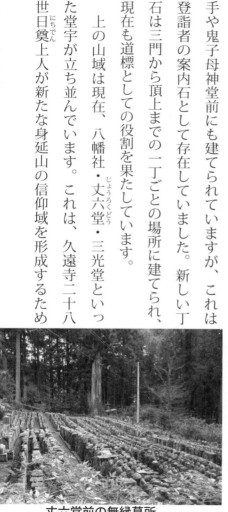

に上の山域を開墾し、そこに堂宇を集めたからです。したがって、ここは江戸時代中期に整備され、一霊域として新たに成立した場所といえます。御廟所域に信徒の墓所や供養塔が建立されていましたが、石塔の建立できる場所には限りがあるため、新たに上の山域に信徒の墓所域が設けられました。そこには大名家の墓所もあり、代表的なものを挙げると、伊予西条藩主松平頼純《まつだいらよりずみ》（源性院《げんしょういん》）、尾張藩主徳川吉道簾中輔姫《とくがわよしみちれんちゅうすけひめ》、薩摩藩主島津家、周防《すおう》岩国藩主吉川《きっかわ》家、伊勢桑名藩主松平越中守定重《えっちゅうのかみさだしげ》（伊予松山藩主定頼《さだより》三男、養父定良《さだよし》）、松平（島津）薩摩守綱久《さつまのかみつなひさ》簾中真修院《しんしゅういん》（定頼長女）、若狭小浜《わかさおばま》藩主酒井若狭守忠直《ただなお》簾中（定頼次女）、六代将軍家宣《いえのぶ》祖母順性院《じゅんしょういん》、伊予松山藩主松平

日奠上人廟所

定頼簾中養仙院《ようせんいん》、同藩主定長《さだなが》（定頼次男）室春光院《しゅんこういん》、旗本永見新右衛門《ながみしんえもん》の子重吉《しげよし》・重尚《しげひさ》、伊勢津藩主藤堂高次《たかつぐ》（三智院《さんちいん》）、といった人たちです。

一方、久遠寺の歴代法主《ほっす》の中にも上の山域に墓所を建立している例がみられます。それは、二十八世日奠、二十九世日莚《にちえん》、七十九世日慈《にちじ》、八十世日調《にっちょう》、八十世日《にっ》布《ぷ》、八十二世日帰《にちき》、八十三世日謙《にっけん》、八十六世日静《にちじょう》の各上人です。

他にも上の山域で注目されることは、かつて五重塔がこの区域に建てられていたということです。五重塔は最初本堂域に建立されましたが、四十四年後の日奠上人代に上の山に

上に五重塔が見える（『延嶽図経』妙栄寺蔵）

移転されました。この移転費用は、身延山内の資料によると八百両（異説では六百両）といわれています。当時としてはかなり高額であったといわれますが、これは前田利家（加賀前田家初代）側室寿福院《じゅふくいん》の曾孫綱紀《つなのり》によって行われました。この五重塔は、六十六年後の文政《ぶんせい》十二年（一八二九）に惜しくも火事によって焼失してしまいました。これが幕末期の万延《まんえん》二年（一八六一）上の山に再建されました。その時の法主は六十八世日実《にちじつ》上人ですが、上の山という地域に思い入れがあったのでしょうか。

現在の上の山域を歩いてみると、大名家をはじめとする墓所がたくさん確認できるところから、神聖な雰囲気が感じられます。これも身延山の中心となる本堂・祖師堂の裏山ということもあるかもしれません。丈六堂の前には、京都化野《あだしの》の念仏寺を思い起こさせるように無縁墓が一所に集められ、その供養がなされています。上の山域は江戸時代の荘厳な身延山がそのまま遺されている場所です。堂宇を巡っていくと、五重塔跡、丈六堂、大名家の墓所と、江戸時代にタイムスリップしたかのようです。是非身延山参詣の折に足を運んでいただくようお勧めします。疱瘡《ほうそう》守護の瘡守稲荷《かさもりいなり》も上の山域にありますので探してみませんか。

奥之院という霊場

奥之院という場所（霊場）は、本山や大規模な寺院に存在します。例えば日蓮宗では、中山法華経寺（市川市）・最上稲荷《さいじょう》妙教寺（岡山市北区）などにあり、他の宗派では高野山金剛峯寺《こうやさんこんごうぶじ》・長谷寺《はせでら》・室生寺《むろうじ》・京都清水寺《きよみずでら》と挙げればきりがありせん。よって、ここでは身延山にある奥之院の霊場としての位置づけや、寺院における奥之院の役割について考えてみましょう。

高野山奥之院は弘法大師空海入定《こうぼうだいしくうかいにゅうじょう》の地で、四国八十八ヵ所巡礼の最終巡礼地となっています。中山法華経寺は檀越《だんのつ》富木氏の邸宅跡で、室町時代に法華寺（奥之院の場所）と本妙寺（現在の法華経寺の場所）が合寺し、現在の法華経寺となっています。奥之院は現在の法華経寺から北へ徒歩約十分のところにあります。能勢《のせ》妙見山《みょうけんざん》（大阪府能勢町）の奥之院には妙見大菩薩像が安置され、高松最上稲荷（最上稲荷妙教寺）の奥之院には八大龍王が祀られています。身延山内には二つ奥之院があり、一つが奥之院思親閣《ししんかく》で、もう一つは七面山の奥之院です。

思親閣は標高一一五三mで、久遠寺三門から五十丁の道程になります。本堂付近から大人が歩くと、片道約三時間を要します。

身延山という山は思親閣のある奥之院付近を頂上とした山域をいいます。広義の身延山は奥之院に上の山、さらに七面山を含めた地域となります。南部《なんぶ》

波木井実長公銅像

実長《さねなが》公は日蓮聖人に五十町歩《ちょうぶ》（約五十ヘクタール・東京ディズニーランドとほぼ同等）を寄進したといいますから、広大な土地を寄進したことになります。

身延山奥之院には現場責任者としての別当《べっとう》がおり、その時代の久遠寺法主猊下《げいか》が任命します。別当職が史料上判明するのは江戸時代からで、身延山支院住職の中から選ばれ、三年任期で務めます。奥之院の霊場としての所以《ゆえん》は、縁起に「九カ年間御在山の間、日蓮聖人は日々この頂上に登り、吹風《ふくかぜ》たつ雲までも東の方と申せば庵を出て身にふれ庭に立てて見るなりと仰《おお》せれ。遥に故郷小湊の浦を眺め給《たま》ひ御父母妙日《みょうにち》・妙蓮尊儀《みょうれんそんぎ》を恋《こ》い慕う。されば院を孝東《こうとう》と号し、門を思親と呼ぶもこの所以也。安置し奉る像は、中老日法《にっぽう》上人が身延山内の木を得て彫刻し給《たも》ふ所也」と記され、

追慕する日蓮聖人（『日蓮大士真実伝』）

日蓮聖人の両親追慕の霊場といわれています。近代の日蓮聖人伝記本として有名な小《お》川《がわ》泰堂《たいどう》著『日蓮大士真実伝』奥之院の紹介部分には、「高祖身延の山頂《やまいただ》きに登りて父母を追慕し東方《とうぼう》を遥拝《ようはい》し給ふ」とあり、山頂付近に日蓮聖人と日朗上人が描かれています。聖人は、この頂きに登って房州小湊《ぼうしゅうこみなと》（鴨川市）の両親を偲んだといいます。

日蓮聖人のご遺文『開目抄』に「孝《こう》と申者高《もうすはこう》也。天高《たかけれ》ども孝よりも高からず。又孝者厚《こうとはこう》也。地《ち》あつ《厚》けれども孝よりは厚からず。聖賢の二類は孝家《こうの》よりいで《出》たり。」（定遺五四四頁）とあるように、親孝行というものは天よりも高く、地面より深いものであることが示されています。

参道石段中程の両側には、日蓮聖人が自らお手植えになられた四本の古杉（身延町指定文化財・天然記念物）があります。また、石段を昇ったところにある仁王門の左右に安置される仁王像は、奥之院の堂宇を守護しています。仏像は六浦平次郎《むつうらへいじろう》入道の寄進で、天和《てんな》年間の三十一世日脱《にちだつ》上人代に本堂域から移転されたものです。それは仏師《ぶっし》の運慶《うんけい》（平安後期から鎌倉初期に活躍）作と伝えられていますが、胎内の銘文をみると日脱上人の開眼《かいげん》となっていることがわかります。奥之院という信仰域は六老僧の日朗上人によって開創されました。しかし実際には、江戸時代に入った寛永《かんえい》八年（一六三一）加賀藩二代藩主前田利常《としつね》公の母君である寿福院（本名・千《ち》代《よ》のちに千代保《ちよぼ》へ改名）の寄進により祖師堂が完成して寺観を整え、以降多くの信徒が奥之院に参詣するようになりました。なお、寿福院はこれに先立つ元和《げんな》五年（一六一九）山内《さんない》に五重塔を寄進していますから、その財力には驚きます。

妙石坊境内の参詣場所

身延山内の妙石坊《みょうせきぼう》には、身延山という霊場を知る資料がいくつかありますので、ご紹介してみましょう。

・内陣の丸彫《まるぼり》天井…安政《あんせい》四年（一八五七）小沢半兵衛の作。半兵衛は伊豆国川奈に住む彫刻師で、身延山の清正公《せいしょうこう》堂や下山《しもやま》常福寺、そして本山実相寺《じっそうじ》（富士市）一切経蔵の彫刻等を手掛けています。

・唐金灯籠《からかねとうろう》…高座石《こうざせき》前に奉安されている灯籠で、元禄《げんろく》四年（一六九一）三十二世日《にっ》省《せい》上人代に建立されました。灯籠の表面には、施主として江戸神田、浅草、神奈川宿《しゅく》といった地域に住む人々の名前が細かく刻まれています。信仰の足跡を確認するには絶好の御宝物《ごほうもつ》といえましょう。

・鳥居…七面山登詣の入口の意味を含めて建立されたものです。七面山の霊場は神仏習合によって各所に鳥居が建てられましたが、これはその一番目にあたるものです。「身延山絵図」には、七面山参詣道途中にいくつかの鳥居が確認できます。

・七面山標石《ひょうせき》…元禄十年（一六九七）と宝暦《ほうれき》五年（一七五五）の七面山道案内として の標石があります。七面山に登詣する人は、境内の高座石を礼拝《らいはい》して登詣の無事を祈り、七面山への道をたどったわけです。

・六老僧供養塔…祖師堂の左手には元禄十二年（一六九九）五月十二日に学禅院日《にっ》逢《ぽう》上人が建立した六老僧供養塔があります。日逢上人は、石に法華経の経文を書き、これを地に埋めました。よって、この塔を石経塚《せっきょうづか》と呼んでいます。

・江戸大火焼死者供養塔…墓所の角に、文政十二年（一八二九）三月二十一日に起こった江戸大火で焼死した人々の供養塔があります。この火災は神田佐久間町付近から出火したもので、約一千五百軒が焼けたといわれている通り大規模なものでした。

二、身延山と七面山

七面山の七という数字

七面山という山は神秘的な山であるため、現在も資料上には現れない謎に包まれた部分が多々あります。七面という名の由来もそうで、「鬼門を塞《ふさ》ぎ、七つの門を開く」といわれるように、七という数字に因《ちな》んで語られています。日蓮聖人は世の中に起こる災いを三災七難《さんさいしちなん》と示されていますが、三災とは三種の害を指し、刀兵《とうびょう》・疾疫《しつえき》・飢饉を日常の折に起こる小災といい、火・水・風を突然起こる大三災としています。七難とは七種の災いをいい、「妙法蓮華経観世音菩薩普門品《かんぜおんぼさつふもんぼん》第二十五」では、①火難、②水難、③羅刹《らせつ》難、④刀杖《とうじょう》難、⑤鬼《き》難、⑥枷鎖《かさ》難、⑦怨賊《おんぞく》難と示されています。

七面山は身延山の鬼門除けとして位置し、「七難即滅《しちなんそくめつ》、七福即生《しちふくそくしょう》、末法総鎮守《まっぽうそうちんじゅ》」と勧請《かんじょう》され、末法の時代を守護する法華経の守護神として信仰されています。日蓮聖人のご遺文には「なゝ《七》いた《面》がれのたけ《嶽》」（『四条金吾殿御書《しじょうきんごどのごしょ》』定遺一四三六頁）とあるように、頂上にある崖崩れが「ガレ」として知られています。

七面山について、江戸時代の身延山案内記として有名な『身延鑑《みのぶかがみ》』は「七面といふは、此の山に八方門あり、鬼門を閉じて聞《もん》・信《しん》・戒《かい》・定《じょう》・進《しん》・捨《しゃ》・慚《ざん》に表示し、七面を開き、七難を払ひ、七福を授け給《たも》ふ七不思議の神の住ませ給ふゆへに七面と名付け侍《はべ》るとなり」とあります。日蓮宗で読み上げる七面大明神の祈願文《きがんもん》には、「七難即滅、七福即生」とあるわけです。また「身延山に於て水火兵革《すいかひょうかく》等の七難を払ひ、七堂を守るべしと固く誓約ありて、またこの池に帰り棲《す》み給ふ」とあるように、七面大明神は、水難・火難・兵難《へいなん》といった法華経の行者《ぎょうじゃ》にかかる災難を払い、七堂伽《が》藍《らん》といった身延山の諸堂宇を守護することを誓っています。

七面大明神が史料上に登場したのは、天正《てんしょう》二十年（一五九二）に示された雲雷寺日宝《にっぽう》上人（大阪雲雷寺開山・身延末）の曼荼羅の中に勧請されたのが初見とされ、身延山十八世妙雲院日賢《にちけん》上人は文禄《ぶんろく》五年（一五九六）の曼荼羅本尊に「七面大明神宝殿、常住守護本尊」と揮毫《きごう》しています。恐らく七面信仰はこの頃、高まっていくようになったと思われます。これは身延山の歴世で十四世日鏡《にちきょう》、十五世日叙《にちじょ》、十六世日整《にっせい》の各上人の時代です。

身延山にほど近い小室山妙法寺（南巨摩郡《みなみこまぐん》富士川町）にも七面大明神が勧請され、元禄十六年（一七〇三）二十三世日這《にっしゃ》上人代に裏手の山方に移転して七面堂が建立されています。ここは小室山の奥之院と伝承され、現在まで信仰されています。

七という数字が使われているものに七福神というありがたい福神がありますが、一方で七鬼神という人の精気を喰らう七つの鬼神もあります。厄年の中にも七難《しちなん》九厄《くやく》という概念があります。これは七と九の年まわりでは、男女ともに災厄が多いということです。厄年の考え方には地域性や時代性がありますが、主なものを示すと次のようです。つまり、七歳に九を加えて十六歳、さらに九を加え二十五歳、三十四歳、四十三歳、五十二歳、六十一歳のことをいい、六十一歳を「本卦還《ほんけがえ》り（還暦）」といいます。一般に男性は二十五歳、四十二歳、女性は十九歳、三十三歳を大厄としていますが、古い時代には三十七歳を厄年とみていたわけです。七にまつわる話を挙げてみましたが、七にさまざまな意味があることがわかっていただけたでしょうか。まさに七面山は、七難や七福を受けとめてくれる守護神といえます。

なお七曜《しちよう》とは、日、月、火、水、木、金、土の七日を一周として考えるもので、七曜占星術といった占いがあります。

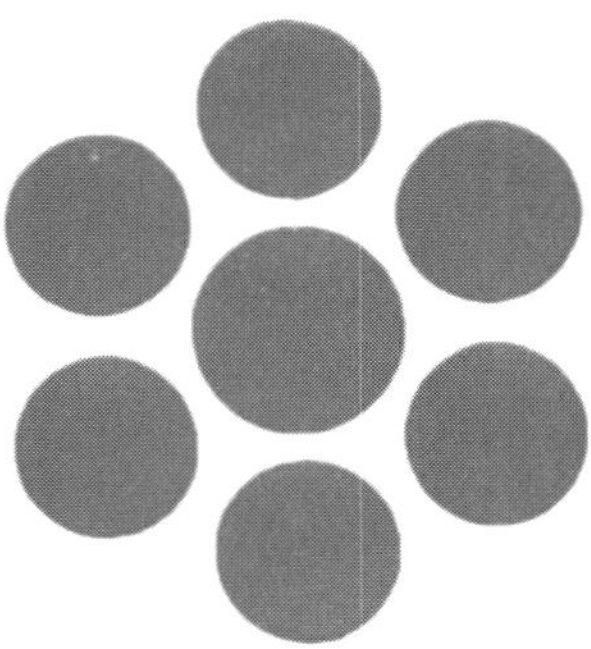

七曜の紋

身延七面大明神のルーツ

日蓮聖人は文永《ぶんえい》八年（一二七一）九月十二日、片瀬龍ノ口《かたせたつのくち》（藤沢市）での斬首を免れ、佐渡に流罪の身となります。相模国依智《えち》（厚木市）の本間重連《しげつら》の館に暫く滞在し、そこから越後国に入り、十月二十七日に寺泊《てらどまり》（長岡市）という場所を経て舟で佐渡に渡ることになります。この地で日蓮聖人は『寺泊御書』を認《したた》め、佐渡に渡る前の心境を吐露されています。

寺泊で聖人を乗せて佐渡に向かった船は、日本海の荒波に揉まれ角田浜《かくだ(た)はま》（新潟市西蒲区《にしかんく》）に吹き戻されます。この角田の地で、聖人が七面大明神を教化《きょうけ》されたという伝説があり、海辺の浜には「七面大明神最初教化の岩穴」という場所が存在しています。

同地妙光寺の由緒によると、日蓮聖人が角田浜に漂着した折に老翁《ろうおう》が現れ、近くの岩穴に大蛇が住みつき地元の人々を悩ましていたことを告げ、聖人に退治してもらいたいと懇願しました。そこで聖人は岩穴に行って大蛇を教化され、今後法華経の行者を守護することを誓わせました。大蛇は身延の七面山へ飛んでいき、守護神になったと伝えられています。この穴には七面大明神が祀られ、岩屋と呼ばれて地域の人々の信仰対象となっています。まさに、七面大明神のルーツになる話といえます。しかしながら、この話は日蓮聖人が身延に御入山される以前の話です。身延妙石坊の高座石《こうざせき》においで、聖人が龍を教化した話がありますので、それ以前の話となるわけです。七面大明神にまつわ

岩屋の七面大明神像

る伝説は全国各地に伝えられており、この角田浜の岩屋の話も七面信仰のルーツを知る重要な話となります。これはどちらが正しいということではなく、七面大明神の守護神としての位置づけを解明する上で、重要な伝承といってよいでしょう。

また角田浜では、日蓮聖人が「岸《きし》・岩《いわ》・波《なみ》」の三題目を書いたという伝承があります。「岸題目」は、角田浜に上陸された岸辺の岩に、衆生縁と龍神供養のため題目「南無妙法蓮華経」を書き記されたということです。「岩題目」は、悪蛇が除かれたことを後世に伝えるため、老翁に請われて岩に題目を記されました。老翁はその題目のそばに「八幡」と記して立ち去ります。そこから、老翁は八幡大菩薩の化

波題目(『日蓮聖人絵伝』身延山大学附属図書館蔵)

身といわれています。「波題目」は、角田浜から佐渡に向かうことになりますが、日本海が荒れて上人を乗せた船が沈没しようとしていました。その時に波の中に題目を船の櫓《ろ》で書くと波がおさまり、無事に佐渡の松ケ崎に着岸された話からきています。

時代が下って、日蓮聖人の孫弟子日印《にちいん》上人（六老僧日朗上人の九人の弟子の一人）が日蓮聖人ゆかりの地として顕彰し、約三十年後の正和《しょうわ》二年（一三一三）に創建されたのが妙光寺の濫觴《らんしょう》となっています。建立当初は真言宗や修験道《しゅげんどう》と深いつながりがあったといいます。弥彦山《やひこやま》や角田山は修験道の修行場として知られており、その麓に七面大明神の話が伝わるのは、身延七面山と修験道とのつながりからしても何か自然な気がしてなりません。七面大明神最初教化の霊場である妙光寺と身延山の結びつきについては、未だ明らかになっていないことも多く、今後調査の上、研究を重ねていく必要があるでしょう。

【参考資料】「妙光寺パンフレット」。角田浜の七面大明神のことについてご教示いただいた妙光寺住職小川英爾《えいじ》上人（当時）に深く感謝申し上げます。

七面山のうつし霊場

「うつし」という言葉を知っていますか。「うつし」とは、国語辞典によると「書画などを写しとること、模写。また、その書画。模造品」とあります。これを霊場という仏教聖地の場合に置き換えてみると「霊場をそのまま写しとる」といった意味になります。

霊場の元となる要素をうつした場が全国各地に存在します。法華霊場では、能勢《のせ》妙見霊場、熊本清正公《せいしょうこう》霊場、七面山霊場といった、守護神の根本霊場をうつしたものがあります。一般的なうつし霊場に関しては、四国八十八カ所のうつし霊場が存在したり、ミニチュア巡礼としていくつかの霊場を一箇所にコンパクトにまとめたものがあります。

七面山の霊場としての象徴は、①山、②池、③滝、④七面堂、⑤七面大明神像、⑥参道、⑦鳥居、⑧灯《とう》籠《ろう》・丁石《ちょういし》、等があげられます。このうつしの形態について考えてみましょう。

①山＝七面山。山は寺院の後山を七面山と位置づけ、七面山を写し出します。山頂に七面堂を建立する場合もみられます。

②池＝山頂の一の池、二の池、三の池から七の池。池には七面大明神が住んでいると伝えられ、七面山の象徴である池を写し出します。

③滝＝修行の滝。滝は七面山の麓にあるお万の滝を写し出すもので、滝修行の役目を担っているため脱衣場が設けられている霊場もあります。

大原野七面大明神参道と鳥居（早川町

④堂宇＝山頂にある敬慎院《けいしんいん》（七面堂）。七面大明神を祀る堂宇として各地に七面堂が建立され、七面山敬慎院の摩尼殿《まにでん》を写し出します。

⑤仏像＝摩尼殿に祀られる七面大明神像。本社の仏像の分体も行われ、本社の像と同じ木で彫ったという像が各地に存在しています。

⑥参道＝表参道・裏参道の五十丁道程。途中に休憩所・丁石・鳥居を随所に置き、七面山参道の雰囲を写し出します。

⑦鳥居＝霊場の門。鳥居は妙石坊表参道・裏参道の登詣口にあり、霊場の入口としての鳥居を写し出します。

⑧灯籠・丁石＝参道の標識となる石・灯籠。寺院によっては、七面山ほどの登詣距離がないので、一丁から五丁、一丁から十丁で山頂となったものもみかけられ、道標としての丁石を写し出します。

先に紹介した霊場の構成要素①から⑧をある程度満たしている「うつし霊場」が全国各地に存在します。そこで、代表的なうつし霊場を二、三紹介してみましょう。

七面山麓の北の池七面山霊場（早川町榑坪《くれつぼ》）や京都深草《ふかくさ》宝塔寺（京都市伏見区）の七面山霊場があります。北の池七面山霊場は、山・池・七面堂・七面大明神像・参道鳥居・灯籠が、京都宝塔寺の七面山霊場は、山・七面堂・七面大明神像・参道・鳥居・灯籠がそれぞれ写し出されています。

これらの要素が揃っていなくても、七面堂・七面大明神像が祀られる霊場は各地にたくさんあります。読者の皆様の近くにも七面山のうつし霊場があるかもしれま

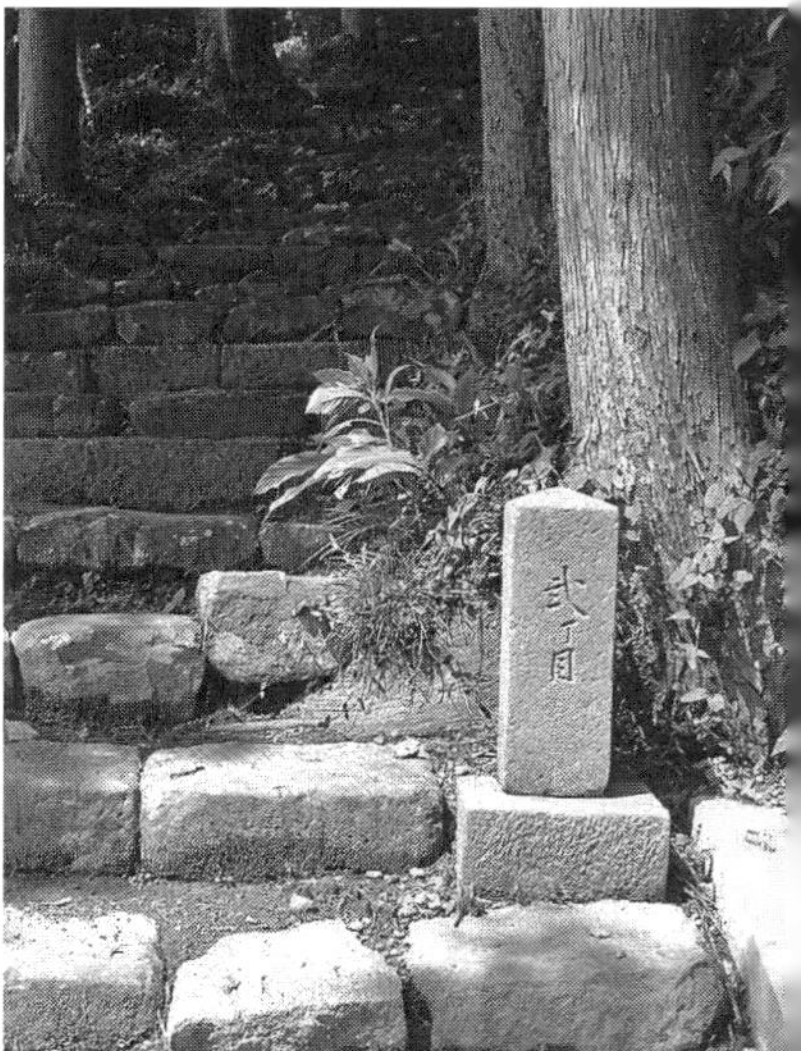
伊佐布安穏寺七面山参道と丁石（静岡市

せんので探してみましょう。

七面大明神像は、江戸時代の始めに身延山が日蓮宗の総本山となってから、全国各地に勧請されるようなったといいます。江戸時代の元禄期には甲斐国内の日蓮宗寺院に七面大明神像が祀られるようになり、身延山信仰の地域伝播が直ちにみられるようになります。

七面山と修験道

ここでは七面山のルーツについて記してみたいと思います。

七面山の歴史は、日蓮聖人と龍の話に端を発します。これは身延山内妙石坊の高座石における日蓮聖人の説法に始まります。しかしながら、この後、永仁《えいにん》五年(一二九七)に日蓮聖人の弟子の日朗上人と南部実長《さねなが》公が七面山に登詣したと伝えられ、現在もこの登詣された九月十九日が七面山の開創の日として祭礼を行っています。

七面山のルーツを探ってみると、吉野大峰山《おおみねさん》（脈）にも七面山と名前が付いた山があり、修験道の回峰《かいほう》修行場であったことがわかっています。大峰七面山の山容は、身延七面山と極めて類似しています。身延七面山は七面大明神をご神体としていますが、大峰七面山のご神体は不詳です。しかしながら、仏教の菩薩を祀ったといわれています。七面山のルーツを紐解くためのキーポイントは池大神《いけたいじん》という仏像で、この像は山頂の池大神堂に祀られています。この像はその像容から役行者《えんのぎょうじゃ》の姿といわれています。山麓の神力坊・十萬部寺《じゅうまんぶじ》・妙石坊等に祀られている妙法両大善神は、もと天狗《てんぐ》であったといわれるところから、これは関東修験の特徴を示しているといいます。この史実に基づく限り、身延七面山の山姿は大峰七面山の真言系修験と関東修験の集合した形態であったともいわれます。修験道には、常に山や谷を歩いて呪文を誦《じゅ》し、苦行を修して霊験を得《とく》し、人々の願い事を聞いてくれる山伏《やまぶし》という修行僧がいます。宗派を立てて修験宗ということもなく、修験道というのは、一宗一派に偏らず広く諸宗に通ずるということで「道」の字を用いたということです。

修験道の起源は、大乗仏教を体系づけた印度《インド》の龍樹《りゅうじゅ》の時代まで遡《さかのぼ》ります。釈尊入滅後五百年以上を経て、龍樹菩薩を大先達《せんだつ》とし、日本においては役小角《えんのおづの(ぬ)》に始まります。役小角は役行者ともいわれ、舒明《じょめい》天皇六年（六三四）の正月、大和国葛城上郡茅原《かつらぎのかみのこおりちはら》（奈良県御所市《ごせし》）に生まれました。城山岩窟に金銅孔雀明王《こんどうくじゃくみょうおう》を祀って修行し、後に紀伊・大和・摂津等の高山《こうざん》を歩き、金峯山《きんぷせん》・大峰山・高野《こうや》山《さん》・牛滝山《うしたきやま》・箕面山《みのおやま》等の行法の道場を開拓しています。

敬慎院の池大神像

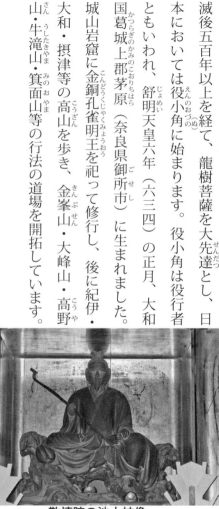

密教系宗派である天台宗（台密《たいみつ》）や真言宗と結びつき、それぞれ天台山伏（本山派）、真言山伏（当山派）がありました。本山派は慶長《けいちょう》十八年（一六一三）に、幕命により全国の山が二分されて聖護《しょうご》・三宝《さんぼう》の両院に分かれ、本山派は聖護院を本所として熊野より大峰に入って修行し、これを順の峰入りと称しました。一方、当山派は三宝院を本所として大峰より熊野に出て修行し、これを逆の峰入と称しました。この外にも日蓮宗に属していた修験者もありました。山梨県の小室山妙法寺と休息《きゅうそく》山立《りっ》正寺《しょうじ》（甲州市）は元真言宗で、関東地域における修験の代表的な寺院でした。妙法寺記（小室妙法寺の項）で「往古真言宗にて肥前上人と申《もうす》は、東三十三国山伏の司《つかさど》り」とあるように、山伏の代表的な寺院であったことがうかがえます。これらのことを考え合わせると、大峰七面山・身延七面山・小室山妙法寺の七面大明神の宮との間に関連性があるのではないかと推測されるわけです。こうしてルーツを探るのは楽しいことですが、調べていくと壁に当たることが多々あります。七面山も最初は誰が開いたのか、日蓮聖人の時代以前の七面山の状況は、と疑問は尽きません。

池大神と七面大明神

読者の皆さんは七面山に登ったことがありますか。海抜一九八〇m、片道三～五時間、五十丁の道程になります。山頂付近には敬慎院という堂宇があり、末法の時代を守護するといわれる七面大明神像が祀られています。

七面大明神は身延山の鬼門除けの守護神として位置づけられ、久遠寺の末寺を中心に、次第

七面山参詣案内

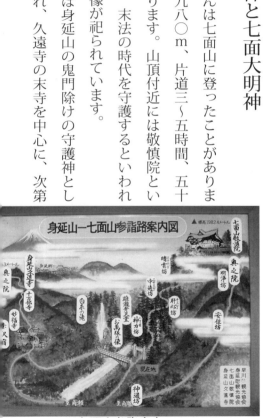

に全国各地で祀られるようになりました。高い山へ登ることから、山岳信仰の霊場として江戸時代から多くの信徒が訪れ、登詣する人々の懺悔《さんげ》・滅罪を祈ってきました。

七面大明神の七に因んだ祈願に「七難即滅・七福即生」があり、七つの難を除け、七つの福を授かるといわれています。『仁王経《にんのうぎょう》』には七難として、①日月《にちがつ》の運行がうまく行われない難、②星が失われる難、③火災による難、④雨水による難、⑤悪風による難、⑥日照りによる難、⑦悪人に襲われる難、が挙げられています。「妙法蓮華経観世音菩薩普門品第二十五」にも七難が説かれています。①火難、②水難、③羅刹難（悪鬼による難）、④刀杖難（武器による難）、⑤鬼難（死霊による難）、⑥伽鎖難（牢獄に囚われる難）、⑦怨賊難（悪人による難）、があります。これらのことから、日蓮宗で修する木剣加持《ぼっけんかじ》、加持祈祷の折に祈願されています。

七面大明神の由緒には諸説があり、江戸時代に入って多くの縁起が作成されるようになりましたが、ここは嘉永《かえい》二年（一八四九）に刊行された身延参詣案内書「身延詣《もうで》」に記さた部分を現代文に訳して紹介してみることにします。

・七面大明神の由来

身延山からみて西の方角に七面という山があります。この山頂には水があって日照りでも水が枯れることがありません。この傍らに宝殿があって七面大明神像が祀られています。ここで願い事をすると叶えてくれます。この像は、天女の姿で頭に宝冠《ほうかん》をいただき、右手に鍵を、左手に宝の珠《たま》を持っています。吉祥天《きっしょうてん》の応現《おうげん》ともいわれています。

七面大明神は七面山に元から住んでいたわけではなく、古くは修験道の霊場として開創され、役行者がここで修行していたといいます。敬慎院の境内の池大神堂には池大神像が祀られており、この像容は役小角と酷似しています。この像は麓の雨《あめ》畑《はた》村（現・早川町雨畑）の人々が祀ったもので、像に記された銘文から知ることができます。登詣の折に是非拝んでください。江戸時代初期に赤沢村《あかさわむら》（現・早川町赤沢）と雨畑村、そして身延山久遠寺で山頂の所有権を巡って論争が生じましたが、裁決の結果久遠寺所有となりました。以降、身延山の守護神である七面大明神像が堂宇の中心に祀られるようになったといいます。

七面大明神は大明神という神名がつくことから、神道《しんとう》でいう神様に間違えられることがありました。明治維新の廃仏毀釈《はいぶつきしゃく》の折に、大明神と名が付けられていることから神像と解釈されて寺院の七面大明神像は没収され、焼き払われるか神社に納められるといった出来事がありました。寺院側では、七面大明神像を政府に没収されないよう、「七面天女」という天女の名で神様ではないことを強調しました。お陰

七面天女御影（筆者蔵）

で没収されずに済んだ七面大明神像も多かったといいます。これは当時の僧侶が必至に考えた秘策といえます。現在もその名残で、「七面天女」と名乗っている七面大明神像が多くみられるのはこのためです。

七面大明神 ↓（廃仏毀釈後）七面大菩薩 ↓ 七面天女

妙法両大善神と天狗

伝説によると、七面山には天狗が住んでいたといわれています。七面山参詣道の寺院には「妙法さん」と呼ばれて親しまれている守護神があります。身延山内では、妙石坊・十萬部寺・七面山表参道神力

七面二神

坊・中適坊《ちゅうてきぼう》等に祀られています。身延山外にも、池上本門寺・岩本実相寺《じっそうじ》・小室妙法寺・三島妙法華寺《みしまみょうほっけじ》と、現在の日蓮宗では七面山信仰が伝播したため、挙げればきりがありません。

岩本実相寺の妙法堂には妙心・法心という兄弟の天狗がおり、足や手の神様として信仰されています。また、疱瘡《ほうそう》や天《てん》然痘《ねんとう》が流行った時も、この妙法さんに祈願すると治るといわれていました。

十萬部寺の寺紋

小室山妙法寺の山内には天狗堂がありますが、扁額には「除火難妙法善神」とあり、火難除けの守護神として勧請されています。また、身延道《みち》（国道五二号・県道四二号）から小室山に至る小室道（県道四二〇号）の途中には妙法神社があり、妙法両大善神が祀られています。妙法寺の信徒を中心に組織される妙法講という講社では、毎月十七日を妙法両大善神の縁日として講中の人々が唱題・読誦《どくじゅ》を行っています。三島妙法華寺の妙法堂には、天狗の団扇《うちわ》の紋章が奉納幕に画かれています。天狗は団扇を使って大きな風を起こします。

身延山内に目を向けますと、身延山案内記の『身延鑑』で、「右方は太郎が峰、次郎が尾、これは妙太郎、法次郎とて天狗の棲《す》む峰なり」と、七面山の登詣道には天狗が棲んでいる場所があることを記しています。十萬部寺の妙法両大善神は、六老僧の日朗上人と南部実長公がこの地に来られて、妙太郎・法次郎の二人を妙法二神として祀ったといわれるものです。その折に、法華経十万部読誦の祈願を行ったことから寺名がきています。この寺院の木版刷りの妙法両大善神像を拝すると、七面大明神の脇侍《きょうじ》（脇仏《わきぼとけ》）として位置し、天狗型の像容となっています。

身延山内の妙法両大善神は修験道との結びつきがあるといわれ、真言宗の守護神とも深い関係にあります。その姿を探っていくと、やはり二体の天狗ともいわれ、火難・盗難除けの神様として信仰されています。しかしながら、妙石坊の妙法堂に祀られる妙法二神は、妙太郎・法次郎といった僧形《そうぎょう》の仏像となっています。この二神は全国各地の信徒に信仰されました。江戸時代には、身延山で祀られる祖師像の江戸出開帳《でがいちょう》が何度か行われた折、妙石坊の妙法二神が一緒に出開帳されています。出開帳の光景を画いた浮世絵をみると、江戸講中が行列を組んで隅田川に架けられた橋を渡っている図が映し出され、江戸に住む人々にも広く信仰されていたようです。この天狗とは、日本の民間信仰おいて伝承される神や妖怪ともいわれる伝説上の生き物です。日本昔話といった民話の世界にはよく登場します。

天狗のルーツを探ると、一説に法華経に登場する天龍八部衆迦楼羅《かるら》（ガルーダ）といわれています。金翅鳥《こんじちょう》、妙翅鳥《みょうじちょう》、迦楼羅鳥などともいい、伝説上の鳥のことです。八部衆とは八つの種族という意味で諸説がありますが、天衆《てんしゅ》・龍衆・夜叉衆《やしゃしゅう》・乾闥婆《けんだつば》衆・阿修羅《あしゅら》衆・迦楼羅衆・緊那羅《きんなら》衆・摩睺羅伽《まごらが》衆を指します。この迦楼羅が日本に入り、民間信仰と融合したのが天狗といわれています。迦楼羅は龍の奴隷となった母を救うために、神と争って不死の飲食物を手に入れ、母を救い出しに向かいます。以来、龍を好んで食べたようで、毒を持つ動物を食べる鳥となったそうです。身延山にはこうした不思議な話がたくさん伝えられ、これが霊山である所以《ゆえん》です。

妙石坊と七面信仰

妙石坊は七面山の入り口付近にあり、七面大明神示現《じげん》の霊地として、七面山を信仰する人々にとって大事な場所となっています。ここに安置されている高座石には注連《しめ》縄《なわ》が張られ、神聖な場所としての雰囲気を醸し出しています。高座石の前には唐金《からかね》の灯籠が奉納されていますが、これは久遠寺三十二世日省《にっせい》上人の代に全国各地の信徒により寄進されたものです。灯籠をよくみると、人の名前がぎっしりと刻まれています。

これは高座石を信仰する多くの信徒により奉納されたものです。

境内には、祖師堂・客殿・妙法堂・清澄《きよすみ》堂といった堂宇があります。その中でも一際大きい堂宇が祖師堂です。この中には、日蓮聖人像・七面大明神像・釈迦像等が安置されてます。特に日蓮聖人像は唐金製、三十一世日《にち》脱《だつ》上人が開眼《かいげん》したもので、元禄十年（一六九七）七月二十八日の銘文が記されています。元は金銅であったと史料に記されていますから、お祀りした当時はおそらく黄金に輝いていたことでしょう。この像は以前、奥之院の祖師堂に安置されていたものと伝えられ、台座は浅草や日本橋の地名を冠した講中の名が刻まれています。

妙石坊の妙法両大善神奉納額

彼らは身延山や七面山を信仰し、寄進したと考えられます。

宮殿《くうでん》（厨子《ずし》）は元久遠寺にあったもので、宝永《ほうえい》三年（一七〇六）に妙石坊に移されたものです。祖師堂の棟札《むなふだ》をみると、施主として「江戸一結講中」の講名がみられ、江戸浅草に住む町人が中心となってこの造営がなされたことがわかります。

毎年十二月に高座石の注連縄が交換されますが、この長さは十八ｍに及び、身延町湯平《ゆだいら》地区にある講が奉納するということです。しかながら、現在は湯平地区の若者が少なくなり、奉納は行われなくなってしまったということで、残念なことです。

妙法堂内には日蓮聖人像と妙法二神像が安置され、日蓮聖人や身延山を守護する霊験あらたかな善神として礼拝《らいはい》されています。妙法二神は日蓮聖人像の前に二体並んで祀られています。

清澄堂内には開運清澄稲荷《いなり》大明神が安置されています。この像の本地《ほんじ》は天照大神《てんしょうたいじん》といわれ、法華経の守護神として現在も礼拝されています。

七面山参詣の道

身延山大学附属図書館では、近年『七面双六《すごろく》』という文政《ぶんせい》五年（一八二二）刊の双六を入手しました。この双六の振り出しは日本橋で、あがりは身延山・七面山となっています。道筋は東海道廻りと甲州街道廻りの二つがあり、どちらかを選ぶ構図となっています。中央に描かれた身延山の描写は、身延山が刊行した絵図の構図を参考にしたと考えられます。また七面山の記載は、

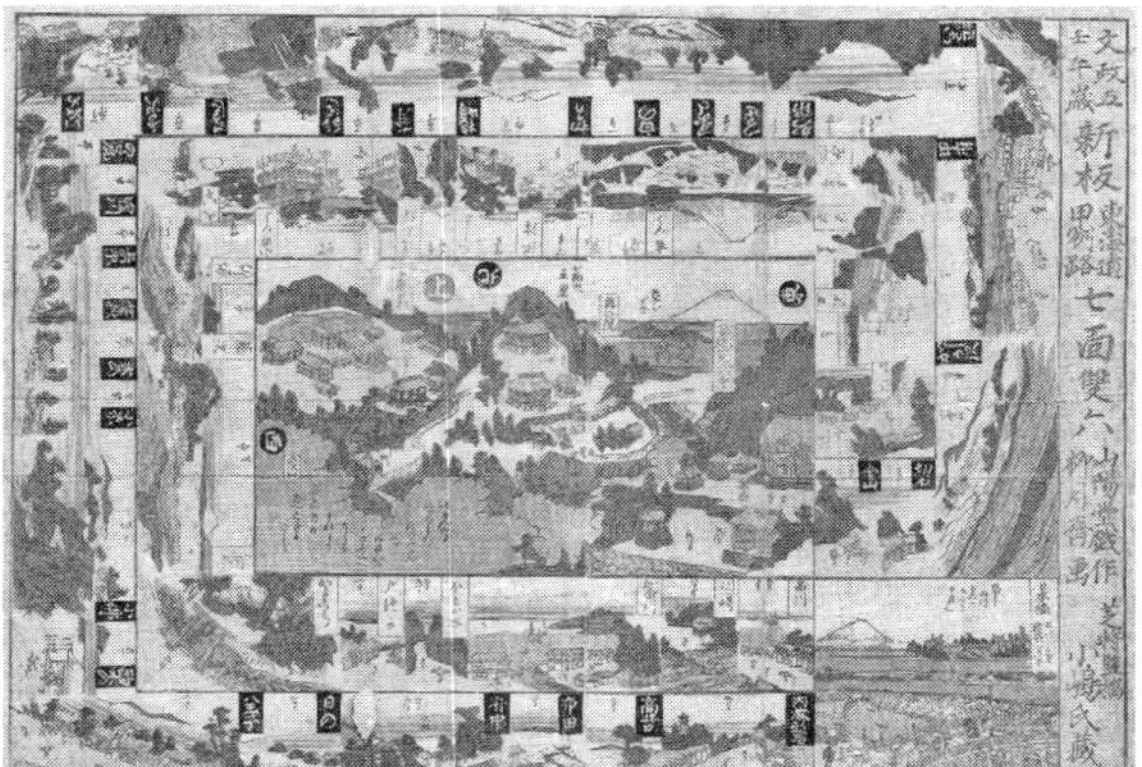

七面双六（身延山大学附属図書館蔵）

江戸時代に刊行された『甲斐国絵図』や『日本全図』にも記されています。

江戸時代のいくつかの『身延山巡拝記』をみると、御廟所《ごびょうしょ》・本堂・祖師堂・奥之院等を巡拝した後、七面山に登詣しているものがほとんどです。実際にこの道程をとると、身延山内に最低でも三泊を要することになります。『道中日記』によれば、一泊宿坊《しゅくぼう》ー一泊赤沢ー一泊宿坊といった宿泊形態が多くみられました。

祖師信仰が特に盛んであった江戸からの道程をみると、往路は甲州街道を廻り身延山に登詣し、復路は身延山から下って東海道に入り江戸に戻っていく行程が好ん

日本全図（部分）

でとられました。身延山を下山してからは船で富士川を下っていく道程もあり、川上から川下といった川の流れを利用する運送手段でした。電気モーターといった動力がない時代ですので、川船の流れに身を任せて下っていくのは当然のことでした。

霊場身延山は全国各地から法華信徒が登詣しますが、身延道が整備されたのは江戸時代以降の話です。それまでは、まさに道無き道を行く形でした。日蓮聖人のご遺文にも、身延山付近の環境を「宿々《しゅくしゅく》のいぶせさ、嶺に昇れば日月をいたゞき、谷へ下れば穴へ入《いる》かと覚ゆ。河の水は矢を射るが如く早し。大石ながれて人馬むかひ難し。船あやうくして紙を水にひたせるが如し。男は山かつ、女は山母《やまうば》の如し。道は縄の如くほそく、木は草の如くしげし」（『新池殿御返事《にいけどのごへんじ》』定遺一六四四頁）と表現されているほどです。

交通手段も科学技術の進歩とともに、徒歩↓馬・舟↓車・電車と変化していきました。

道は徒歩の時と車を運転している時とで視野が違います。当然のことながら、徒歩のほうが前後左右といった周囲がよく見えます。よって、道を調べる場合には歩くべきといえます。道も一度歩いてみると地形や町並みといった雰囲気がわかり、同じ道を二度、三度歩くと他の情報が目に入ってきます。

身延山の周辺でも最近、第二東名（新東名高速道路）や中部横断自動車道が開通し、甲府方面や静岡方面から身延山までの所用時間が短縮されるようになりました。いずれ中部横断自動車道全線が開通すれば、甲府と静岡（富士）間はもっと近くなります。

身延鉄道が開通した大正・昭和時代は、全国各地から今までの交通路と違った鉄道が利用され、多くの身延山参詣を迎え入れました。目的地へ行くとき、道があるとあり難いものですが、時には道がない場所を通らなければならないことがあります。人と同じ道を歩くのもよいですが、別の道（新たな道）を模索することも身延山史研究のため、時には必要なことでしょう。

三、身延山の堂宇

本師堂と堂宇の移転

現在の祖師堂西側に本師堂という堂宇があったのをご存じですか。現在の本堂が昭和六十年（一九八五）に再建される前に本師堂という堂宇がありました。

江戸時代の本堂域の伽藍《がらん》は、鶯谷《うぐいすだに》にかかる通本橋《つうほんばし》を境に東西に分けられていました。この橋には「通本」という額がかかっており、これは本阿弥光悦《ほんあみこうえつ》の筆といわれています。橋の下は鶯谷で、西行法師《さいぎょうほうし》はここで

雨しのぐ　身延の郷《ごう》のかき柴《垣》に　巣立はじむる　鶯のこゑ《声》

と詠ったということです。

現在の宝物館《ほうもつかん》は本堂地下にありますが、これは現在ある本堂の再建以降のことです。それ以前は、本師堂前に開基堂といっしょに並んで建てられていました。白亜

の独特な建造物で、入館したことがある方もいるかと思います。中は一階・二階・地下に分かれ、身延山伝来のご宝物の数々が展示されていました。

二天門は菩提悌《ぼだいてい》をあがったところにありましたが、火災により焼失してから再建されることはありませんでした。門内に安置されていた持国天と増長天が、本堂地下にある宝物館内に時折展示されています。この両像は室町時代作と伝えられ、身延山を守護する二天であるため怖い形相になっています。

なお、二天は二聖《にしょう》とともに法華経の護法神として寺院に祀られます。これらは「妙法蓮華経陀羅尼品《だらにほん》第二十六」に説かれる法華経守護の善神です。日蓮聖人『日女御前御返事《にちにょごぜんごへんじ》』に「陀羅尼品と申《もうす》は、二聖・二天・十羅刹女《じゅうらせつにょ》の法華経の行者《ぎょうじゃ》を守護すべ

旧宝物館

き様を説《とき》けり。二聖と申は薬王《やくおう》と勇施《ゆうぜ》となり。二天と申は毘沙門と持国天となり。十羅刹女と申は十人の大鬼神女《だいきしんにょ》、四天下《してんげ》の一切の鬼神の母なり。又十羅刹女の母あり、鬼子母神是《これ》也」（定遺一五一〇頁）と示されています。

江戸時代に本堂付近から上《うえ》の山に移った堂宇がいくつかあります。それは『身延山諸堂記』に記されていますので、その主なものを挙げてみましょう。

鬼子母神堂…祖師堂の背後
五重塔………位牌堂（仏殿《ぶつでん》）の背後
三光堂………祖師堂と位牌堂の後
一切経蔵……本堂の背後
丈六堂《じょうろくどう》………二天門の側

上の山域に移された諸堂（『身延山図経』）

大黒堂…………祖師堂の背後
番神社…………祈祷堂の側

これらの堂宇は、いずれも二十八世日奠《にちでん》上人代の寛文《かんぶん》年間（一六六一〜一六七二）、意図的に上の山域に移転されたようです。

まさに江戸時代初期の伽藍は、本堂域の堂宇の一部が上の山域に移転された時代といえます。明治八年に大火がありますから、上の山に移転したことにより明治の大火を免れた堂宇があったわけです。本堂域にあった諸堂の中でも、祖師堂が明治十四年（一八八一）、本堂が昭和六十年（一九八五）、位牌堂（仏殿）が大正六年（一九一七）

当時の本堂域（『身延山絵図』）

にそれぞれ再建されました。現在の本堂が再建される前には祖師堂が身延山の中心的堂宇で、日蓮宗で最大級の堂宇でした。江戸時代の『身延山絵図』をみると、祖師堂が本堂よりも大きく画かれ、絵図の中心位置にあったことがわかります。このことより、江戸時代は祖師（日蓮）信仰隆盛の時代であったことを私たちに教えてくれます。

身延山の坊宇

身延山史研究の泰斗《たいと》であった林是晋《ぜしん》氏の高著『身延山久遠寺史研究』によりますと、身延山内の坊は一時期、百五十三カ坊を数え、統廃合によって現在の三十二カ坊になったと記されています（現在は三十一カ坊）。この坊の減少の理由は、坊の焼失・無檀・無住等の理由が考えられますが、廃仏毀釈《はいぶつきしゃく》の影響も少なからず受けていたようです。

日蓮聖人は身延の地を四山四河《しせんしか》と位置づけていますが、身延山信仰が浸透していくと、後世に五嶽八渓説《ごがくはっけい》が示されます（七頁参照）。

身延山の坊（支院）の歴史について知る資料として、正徳《しょうとく》二年（一七一二）、三十三世日亨《にちこう》上人の記した『身延山坊跡録并日本国参詣宿房定《ぼうせきろくならびにしゅくぼうのさだめ》』や、明治八年（一八七五）に成稿した覚林坊《かくりんぼう》三十四世日寿《にちじゅ》上人の『身延山坊跡録』があります。これらの資料には、身延山各坊の歴代・略縁起・什宝《じゅうほう》等が記されており、坊の変遷や歴史、御宝物の所在等を知るのにたいへん役に立ちます。坊が江戸時代以降、宿坊《しゅくぼう》として全国各地から参詣する信徒の宿泊所になっていましたが、それぞれの坊は国や寺院ごとに宿坊が決まっていました（宿坊割）。例えば、樋沢坊《ひのさわぼう》は上総国《かずさのくに》妙光寺（藻原寺《そうげんじ》）門徒、端場坊《はばのぼう》は丹後国但馬《たんごのくにたじま》門徒や京都本隆寺《ほんりゅうじ》門徒といった具合です。

みなさんは江戸時代の身延山内に祈祷堂三十六坊があったのをご存じですか。これは天下泰平のため、貞享《じょうきょう》四年（一六八七）、山内に祈祷堂三十六坊を建立しことによるものです。坊の建立場所は上の山に十一、西谷に九、田代（妙石坊付近）に六、東谷に三、西谷に三、醍醐谷《だいごだに》に一、中谷に一、稲荷《いなり》（石割稲荷付近）に一、棚沢《たなざわ》（西谷と田代の中間）に一となっており、上の山や西谷地域に多く建立されたようです。日脱《にちだつ》上人はこれらの坊に僧侶を一人ずつ置き、読経させていたといいますから、江戸中期の身延山内には読経の声が木霊《こだま》していたことでしょう。

坊の場所も変遷がみられ、明治三十六年（一九〇三）の『身延山絵図』に目を凝らしてみますと、現在の身延山学園付近に武井《たけい》坊《ぼう》（西谷へ移転）、身延山大学行学寮付近に

当時の身延山学園付近の坊
（『身延山絵図』身延山大学附属図書館蔵）

智寂坊《ちじゃくぼう》（西谷へ移転）があったことが確認できます。時代別の絵図をみることにより、坊の存在場所の変遷を知ることができます。

醍醐谷の場所をご存じでしょうか。現在の志摩坊《しまのぼう》や窪之坊《くぼのぼう》の裏手の山近くをいいます。ここにはかつて数ヵ坊ありましたが、その多くは現在の日朝《にっちょう》通り沿いに移転しています。久遠寺は本院、坊は支院と呼ばれ、支院は本院を支えてきました。支院の中でも、身延山登詣者が宿泊する坊は宿坊と呼ばれ、全国各地から登詣する信徒の世話を行ってきました。この宿坊は、本院－宿坊－信徒といった形態で地方の寺院や信徒を担当しており、信徒は宿坊を通じて久遠寺と関係をもったわけです。

慶長《けいちょう》九年（一六〇四）の「町中掟《まちじゅうおきて》」をみると、門前町に参詣人を宿泊させることを禁止しているので、基本的に地方の身延山参詣者は宿坊を利用していたようです。

月行事は支院を本坊と部屋坊の二つに分け、本坊三十八坊が二坊づつの組になって、一組が一ヵ月交代の輪番《りんばん》で久遠寺の山務《さんむ》を行いました。身延山内の統制のために、不正があればこれを糾問し、紛争の解決にあたっていました。これは十一世日朝上人の時代から始められたと伝えられ、明治初年まで存続していました。

このように、地図や古記録類によって、その時代の坊の場所を知ることができます。この発見が歴史の楽しみ（醍醐味）といえます。

安政の大地震と供養塔

今回は身延山内にある安政大地震供養塔の話をさせていただきます。いつの時代も火災だけではなく、地震も恐ろしいものです。安政《あんせい》元年（一八五四）六月、日楹《にちえい》上人が六十七世に晋山《しんざん》した年の十一月四日に全国規模の大地震が起こり、全国各地で多数の死傷者が出ました。身延山内でも堂宇や坊舎が一部破壊され、被害は甚大でした。

この時の状況や被害について『身延山歴代略譜』は、「大地震が嘉永《かえい》七年（一八五四）十一月四日辰《たつ》の下刻《げこく》（午前八時半〜九時ごろ）に起こり、諸国で横死者が多く出て、山内にも七人おり、諸所が大破し、通本橋より東谷が大破し、西谷も被害があった」と記しています。過去の地震についても記されており、宝永《ほうえい》地震について、「宝永四年（一七〇七）十月四・五日に諸国大地震があり津波によって横死者が数多く出た。身延山においても山内諸堂が欠損して地所も破壊され、横死者が十八人いた」と克明に記しています。

安政地震の話に戻りますと、時の法主《ほっす》であった日橒上人は身延山復興のため、安政三年（一八五六）二月に寺社奉行安藤対馬守《つしまのかみ》に諸国勧化《かんげ》（寄付金を集めるための布教）を願い出ました。その内容は、諸堂その外が地震にて潰れ、再建助成として六ヵ国（武蔵・上総・下総《しもうさ》・美濃・信濃・越後）を勧化したいという主旨のものでした。布教に際して寺社奉行の許状を持参し、安政三年（一八五六）十月より万延《まんえん》元年（一八六〇）

九月まで各地に巡教し、信仰する人々に金額の多少にかかわらず寄進を募りました。

三門をくぐった付近に、安政三年六月に建立された安政の大地震の供養塔があります。これは、甲斐国内落居《おちい》（市川三郷町《いちかわみさとちょう》）樋川津満《ひかわつま》という女性を中心とした多くの人々の信仰によって建立されたものです。これは日楹上人の甲斐国内勧化が結実した証しとなりましょう。

また妙石坊境内には、文政《ぶんせい》十二年（一八二九）三月二十一日の地震に関する、江戸大火焼死者の供養塔があります。これは、天保《てんぽう》五年（一八三四）二月七日（～十一日迄）神田皆川町に住む糟屋弥五右衛門《かすややごえもん》が施主となり建立されたもので、江戸の地震を知る貴重な石塔です。

妙石坊内には江戸の法華信徒が建立した石塔

松井坊の坊号石塔

がたくさん存在し、江戸の法華信仰を知る格好の場所といえます。他にも身延山内の地震の状況を知る資料として、三門東側の松井坊《まついぼう》入口付近に「松井坊」と表面に彫られた石塔（坊号石塔）があります。ここには安政三年（一八五六）九月、松井坊三十世日山《にっさん》上人代に江戸の赤坂講中が施主となって建立した内容が刻まれています。また石塔の銘文には、嘉永七年（一八五四）の十一月四日、「大地震の砌《みぎり》に石塔が崩壊したので台座を新調した」といった内容が読み取れます。崩れた石塔ながら火災でも焼失することなく、幕末期に大地震が襲った根拠となる貴重な歴史遺産です。

当時の大地震として、安政二年（一八五五）十月二日夜十時頃、八丈島付近を震源とするM《マグニチュード》6.9の地震が発生し、当時の首都江戸も大きく揺れました。地震自体による被害はそう大きくなかったといわれていますが、直後に多数の火災が発生し、死者は四千人に達したといいます。この安政年間の江戸地震を一般に「安政の大地震」と呼んでいますが、地震の規模からいうと前年の十一月四・五・七日に起こった三連続の地震の方が巨大でした。特に四日のものは駿河湾から遠州灘《えんしゅうなだ》、紀伊半島南東沖一帯を震源とするM8.4という巨大地震でした。この地震が発生した年は既に改元していましたが、嘉永七年（一八五四）と記されています。当時の瓦版《かわらばん》や記録はすべて嘉永としていますから、この連続地震が広範囲に被害をもたらせたため、この両地震の時より元号を嘉永から安政に改めたということです。つまり、年表上は安政となるため、後世になって安政地震と呼ばれたわけです。

祖師堂と鼠山感応寺

身延山久遠寺は明治八年（一八七五）の大火よって、山内の堂塔伽藍のほとんどを焼失しました。その後、直ちに復興されていきますが、最初に身延山の中心的伽藍である祖師堂が明治十四年（一八八一）に再建されました。この堂宇の一部は、江戸にあった鼠山《ねずみやま》感応寺で使用された用材といわれています。

感応寺は元々、江戸の鼠山に存在する日蓮宗の寺院でしたが、五代将軍綱吉《つなよし》の代の元禄《げんろく》十二年（一六九九）不受不施派《ふじゅふせは》弾圧によって天台宗に改められ、寛永寺の末寺となりました。この寺院の再興が許可されたのは、十一代将軍家斉《いえなり》の側室お美代《みよ》の方《かた》（専行院《せんこういん》）と、その父である中山法華経寺内にある智泉院《ちせんいん》住職の日啓《にっけい》上人の尽力があったからといわれています。日啓上人は日蓮宗独特の修法《しゅほう》祈祷によって信者を集め、後に将軍家が帰依するまでになっています。すると、たちまち智泉院は「将軍家祈祷所」となり、

感応寺の用材で再建された久遠寺祖師堂

日啓上人は単独で将軍に拝謁できる立場になりました。こうして、大奥女中は子授け鬼子母神の祀られる中山智泉院へ頻繁に参詣し、祈りを捧げました。

ところで、再興を許可されることになった感応寺の寺地は、雑司《ぞうし》が谷《や》の安藤対島守の下屋敷《しもやしき》二万八千六坪余（豊島区付近）で、近年の発掘調査によると現在の目白三～四丁目および西池袋付近といわれています。

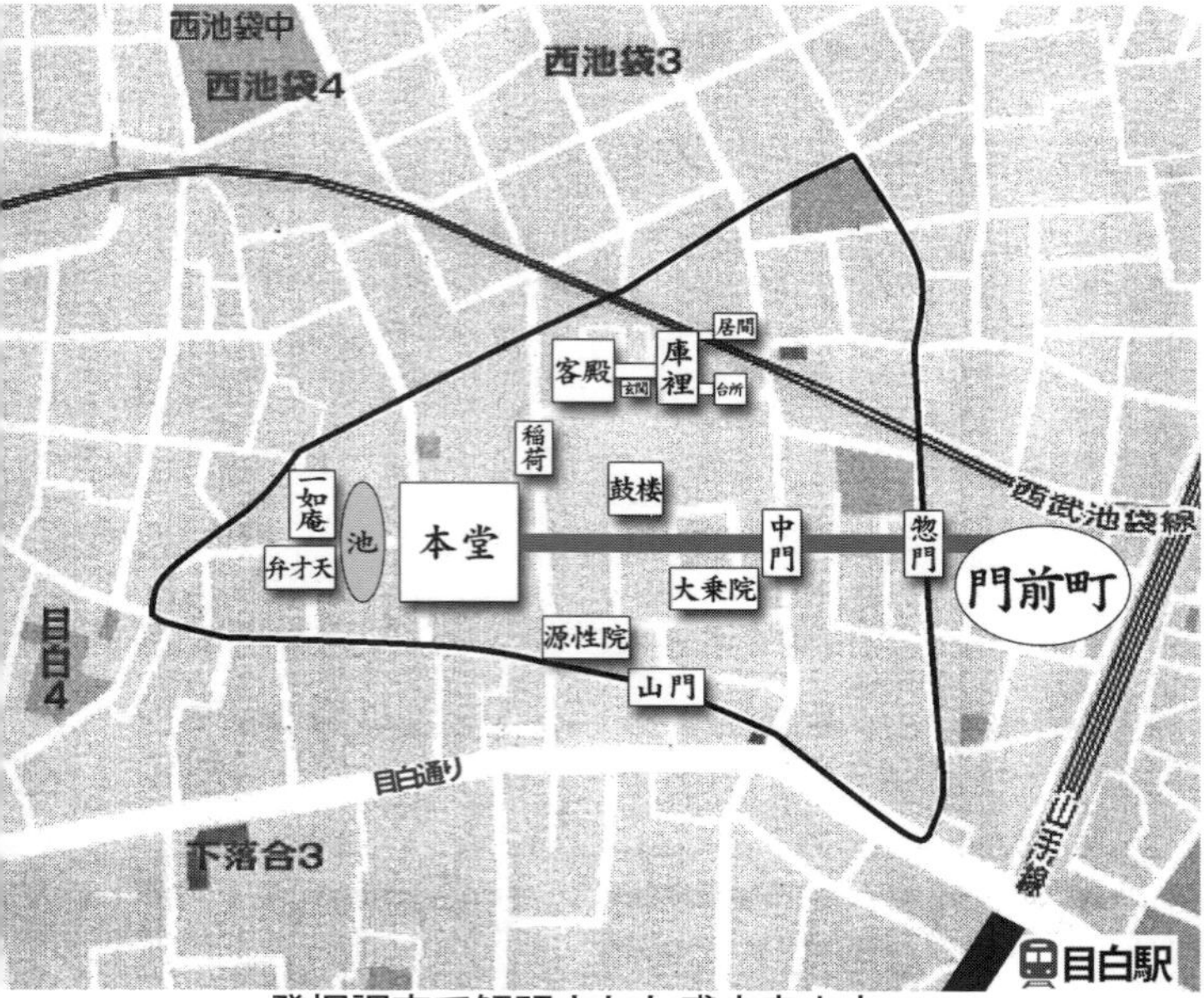

発掘調査で解明された感応寺山内

天保六年（一八三五）九月に工事が始まり、翌七年十二月に本堂以外の全伽藍が完成し、さらに翌八年四月には朱印三十石が与えられています。感応寺の伽藍は本堂をはじめとして、五重塔・経堂・鐘楼《しょうろう》・庫裡《くり》・書院・釈迦堂・鎮守堂・宝蔵・惣門《そうもん》・山門・中門など二十棟を超える壮大なもので、門前には腰掛茶屋・酒屋・飯屋・蕎麦屋・料理茶屋などができ、門前町が形成されて賑わっていました。江戸城大奥女性の信仰も集めたために「江戸城大奥祈祷所」という看板が許可され、将軍家はもとより徳川御三家・御三卿《ごさんきょう》をはじめとする諸大名が参詣しています。大奥女性の感応寺詣《もう》でが盛んになるにつれ、江戸市中には妙な噂が流れました。それは大奥女中が行列の長持《ながもち》（衣服などを入れる大きな箱）の中に入り、僧侶と密会して風紀を乱しているということでした。つまり、城よりの寄進物と称して女中が密かに寺内に入ることがあったわけです。当時の大谷木醇堂《おおやぎじゅんどう》の『灯前一睡夢《とうぜんいっすいむ》』には、この噂を聞いた寺社奉行の脇坂安《わきさかやす》董《ただ》が城中よりの長持を検査したところ、その中から生人形《いきにんぎょう》（精巧な人形）が現れました。そこで関係した大奥女中はすべて捕らわれ、罰せられたと記されています。しかし、これは事実とは多少異なり、単なる噂に過ぎなかったともいわれています。天保十二年（一八四一）閏正月に将軍家斉が死去すると、同五月に老中水野忠邦《みずのただくに》は天保の改革に着手しました。その際、やり手といわれる阿部正弘《あべまさひろ》を寺社奉行に任命し、智泉院の手入れを行っています。その結果、感応寺も完成後わずか五年足らずで廃寺となってしまいました。その後、祀られていた本尊は池上本門寺へ、祖師像は鎌倉の薬王寺へ、伽藍の材木は鎌倉の比企谷《ひきがやつ》妙本寺へと、それぞれ送られました。

感応寺破脚に関しては、将軍家菩提寺である上野寛永寺や芝増上寺の反感をかっていたからともいわれています。とにかく、未だミステリーな話が伝わる感応寺です。

当時の地誌『櫨風《ろふう》』という史料をみると、江戸城の大奥女性が感応寺に代参していた様子が詳細に記されています。それによると、代参はほぼ毎日あったようで、荘厳具を寄進したり、お札を求めたり、祈祷を依頼したり、と大奥女性の篤い信仰の軌跡がわかります。

五重塔と相輪塔（樑）

身延山の五重塔が約百三十年ぶりに再建されましたが、実は開闢《かいびゃく》以来の長い歴史の中で三度目の建立となります。建立場所は最初が位牌堂（仏殿納牌堂）前。後に上の山に移転しますが焼失。二度目は上の山に再建されるも焼失。三度目は現在の本堂前となります。

上の山には五重塔の礎石が遺っている場所が二ヵ所あります。一ヵ所は鬼子母神堂の下辺り、もう一ヵ所は上の山の参道から少し入った場所です。

五重塔は寺院の象徴であり、日蓮宗寺院では本山級寺院に建立されました。現存する日本で一番高い木造の五重塔は京都の東寺《とうじ》のもので、身延山の塔は木造の五重塔では四番目の高さになります。一方、鉄筋造の五重塔は浅草の浅草寺《せんそうじ》をはじめ、各地に建てられています。

五重塔は釈尊の舎利《しゃり》（ご遺骨）を安置する塔として、インドで釈尊滅後八万四千の塔が建てられたことに始まります。現在は世界各地に在し、東南アジアのミャンマーは〝パゴダ（仏塔）の国〟といわれ、黄金の仏塔が国内に建てられています。特に、パガンという北部都市には約五千もの仏塔が存在し、見渡す限りパゴダばかりといった場所もあるほどです。仏塔はサンスクリット語で〝ストゥーパ〟といい、漢字では「卒塔婆《そとうば》」と書き「塔婆」や「塔」と略されています。日本では木造建造物として多宝塔、三重塔、五重塔、十三重塔が好んで建てられました。

身延山の五重塔の再建場所に関して、ひとつの疑問があります。なぜ本堂から上の山に移転されたのでしょうか。それを解決するには、上の山という霊場の形成過程にヒントがあります。江戸時代中期に入ると、本堂にある堂宇のいくつかが移転されたことが関係しています。これは二十八世日奠上人が意図的に行ったもので、上の山を奥之院参道と位置づけ、この地に重要な霊域を形成したと考えられます（六十～一頁参照）。この霊域に日奠上人の墓所があることは、霊場形成の上で重要となります。

五重塔は山内堂宇の中で最も高い建造物であり、五層目は地上から約30ｍとたいへん高い位置にあります。現在一般の人は登ることができませんが、建設中に筆者が撮影した時の眺望を紹介してみます。

五重塔に関する謎の建造物として相輪塔《そうりんとう》（橖《とう》）があります。相輪とは五重塔の最上部にあたる部分ですが、上の山域の大光坊付近に天明《てんめい》元年（一七八一）、四十七世日豊《にっぽう》上人代に建立されました。

五重塔から祖師堂方面を望む

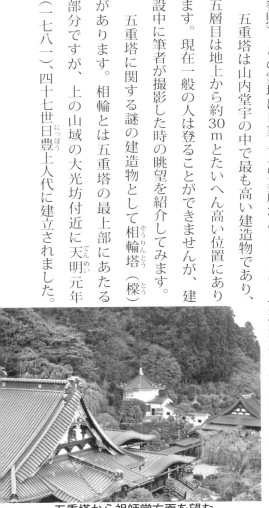

天明元年はちょうど日蓮聖人五百遠忌《おんき》に相当し、「天明元年九月二十七日より十月三日に至る十六日間高祖五百遠忌大法要を厳修し、即如院《そくにょいん》一相《いっそう》師の業《ごう》に基き、遠忌の報恩記念として相輪塔を新たに建立せり」と『身延山史』は記しています。素材は金銅《こんどう》で、四方に伸びた四本の支柱により支えられています。礎石から五輪塔上まで約七・五mの高さで、永代常経《じょうきょう》として法華経三万部の読誦《どくじゅ》供養のために建立されたことが曼荼羅本尊の刻銘よりわかります。この常経は、宝暦《ほうれき》十二年（一七六二）から寛政《かんせい》三年（一七九一）の三十年間にわたり祖師堂において行われた儀礼です。さらに銘文を詳しくみると、「宝塔世話人」として江戸雑司が谷の題目講の存在が確認できます。

貞享四年（一六八七）の比叡山延暦寺《えんりゃくじ》の塔、寛永二十年（一六四三）の日光輪王寺《りんのうじ》の塔、そして身延山の塔は日本三大相輪塔ともいわれ、非常に珍しい塔です。是非、上の山の大光坊に登詣してみてください。直接拝すると五重塔に関する新たな発見があるかもしれません。

五重塔移転・再建の謎①

日蓮宗寺院における木造の五重塔は現在、池上本門寺・中山法華経寺・羽咋妙成寺《はくいみょうじょうじ》・佐渡妙宣寺《みょうせんじ》・片瀬龍口寺《かたせりゅうこうじ》といた本山級寺院に建立されています。身延山久遠寺にも、江戸時代に存在していたことが「身延山諸堂記」をはじめとする資料で知られるところです。身延山において失われていた五重塔が、平成二十一年に約百三十年ぶりに復元されることになりました。以前存在していた五重塔は、身延山内の古記録・古文書・棟札等によって、本堂域や上の山域に建立されていたことが判明しています。身延山の伽藍配置を考える上で注目されることは、当初本堂域に建立された五重塔が、なぜ上の山へ移転したかということです。この移転がどういう意味を示しているのか。さらには五重塔の建立意義について、身延山の霊域の中で捉え直してみたいと思います。

久遠寺は江戸時代に入ると、江戸幕府の本末制度の施行や日蓮宗内の体制の整備から、日蓮宗の総本山として位置づけられるようになります。すると身延山参詣者が増加し、参詣者に対しても宿坊や参詣道の整備が行われました。これも日蓮聖人棲神《せいしん》の霊場であるからに他なりません。

身延山という霊場は先述したように、九域に区分することができます。これらの霊域は日蓮聖人にまつわる霊場ですが、各霊域は法華信徒の巡拝霊場として次第に位置づけられていきます。江戸時代から現代までの身延山参詣案内図のほとんどに、これらの霊域がすべて記されていることからもうかがえます。

身延山は、日蓮聖人の御入山から十世日延《にちえん》上人の時代まで西谷御草庵《ごそうあん》の地に中心部がありましたが、十一世日朝上人の代に現在の本堂域に主な伽藍が建立されます。これは画期的なことで、現在の身延山堂宇の中心は本堂域となっています。五重塔もかつて本堂域にあり、位牌堂（仏殿）前に建立されたことが資料より判明しています。『身延鑑《みのぶかがみ》』をみると、位牌堂・祖師堂・本堂が建並ぶ前に五重塔（三層まで見える）が建っていることがわかります。平成二十一年に落慶《らっけい》を終えた五重塔は、歴史的にみると三度目の建立となります。五重塔が失われた原因は火災にあるといわれています。身延山における大規模な火災についてみてみると、大規模なものは過去二度あったことがわかっています。最初に建立した五重塔は上の山に移転され、そこで火災に遭遇します。その四十三年後に位牌堂裏手に再建され、再度火災に遭遇して上の山に再建されます。第一回目建立の五重塔の棟札によれば、建立は元和《げんな》五年（一六一九）で、施主は前田利家側室の寿福院《じゅふくいん》となっています。

当時の本堂域（『身延鑑』）

位牌堂前にあった五重塔が上の山に移転された際には、寿福院の曾孫である加賀藩四代藩主前田綱紀《つなのり》公が六百十両（異説では八百両）を寄進したと山内の資料に記されています（江戸時代の庶民の年収がおおよそ二十～三十両程度）。

建立から上の山移転に際しては、前田家が関係していたことがわかりました。また、山内堂宇の上の山域移転に深く関わっていた二十八世日

五重塔移転後の本堂域と山の上域（『延嶽図経』妙栄寺蔵）

(82)

奠上人は、利常公《としつね》（二代藩主）生母である寿福院の甥といわれます。日奠上人は、一説には加賀公（利家公）の落胤《らくいん》で、後に寿福院の子となったともいいます。この血縁から察して、寿福院と日奠上人の親密な関係がうかがえ、寿福院と身延山の信仰関係が構築されていったと考えられます。ところで、滝谷《たきだに》（羽咋）妙成寺にもこの頃に寿福院の寄進によって五重塔が建立されており、寿福院の篤い法華信仰の軌跡が知られます。

五重塔移転・再建の謎②

ここでは、五重塔が画かれた絵画・案内書・絵葉書等から五重塔の存在について考えてみます。江戸初期『日蓮大聖人御伝記』所収の「身延参詣記」をみると、絵図が四丁（頁）にわたり画かれていますが、次頁図に掲げたのは絵図の最初の一丁の部分です。これによれば、現在の仏殿（位牌堂）前に建立されていたことがわかります。この資料は、おそらく移転以前の伽藍を参照して画いたものと思われ、現在では身延山初期の五重塔の位置を知る貴重な資料となっています。

『身延鑑』（江戸中期作）の挿絵には位牌堂前に五重塔（三層しか見えない）があることが確認できます（八十一頁図参照）。上の山移転後の時代の資料には位牌堂の裏手に建立されていることが示されており、これは当時の絵図にもみられます。幕末期の絵図をみると、上の山域内に明確に画かれています。

『甲《か》斐《い》叢《そう》記《き》』という嘉永五年（一八五二）に編纂された甲斐国の案内記をみると、お会式の折に本堂・祖師堂前に溢れるほどの参詣者の姿が画かれています。その右上

身延参詣記（『日蓮大聖人御伝記』）

部に二層の建造物が見え、これが五重塔であると考えられます。また、紀行文『金草鞋《かねのわらじ》』十二編「身延紀行」（十返舎一九《じっぺんしゃいっく》作）には本堂裏手に五重塔が確認できます。

明治八年（一八七五）の大火以降、大正時代に作成された絵図には、上の山に「五重塔跡」と記されています。絵図が画かれた時代には五重塔は焼失して存在しないものの、「跡」と記されていることが注目されます。大火後から昭和六十年以前、本堂は再建されていませんが、その時代に作られた絵葉書や案内書をみると、本堂西に身延山の象徴と

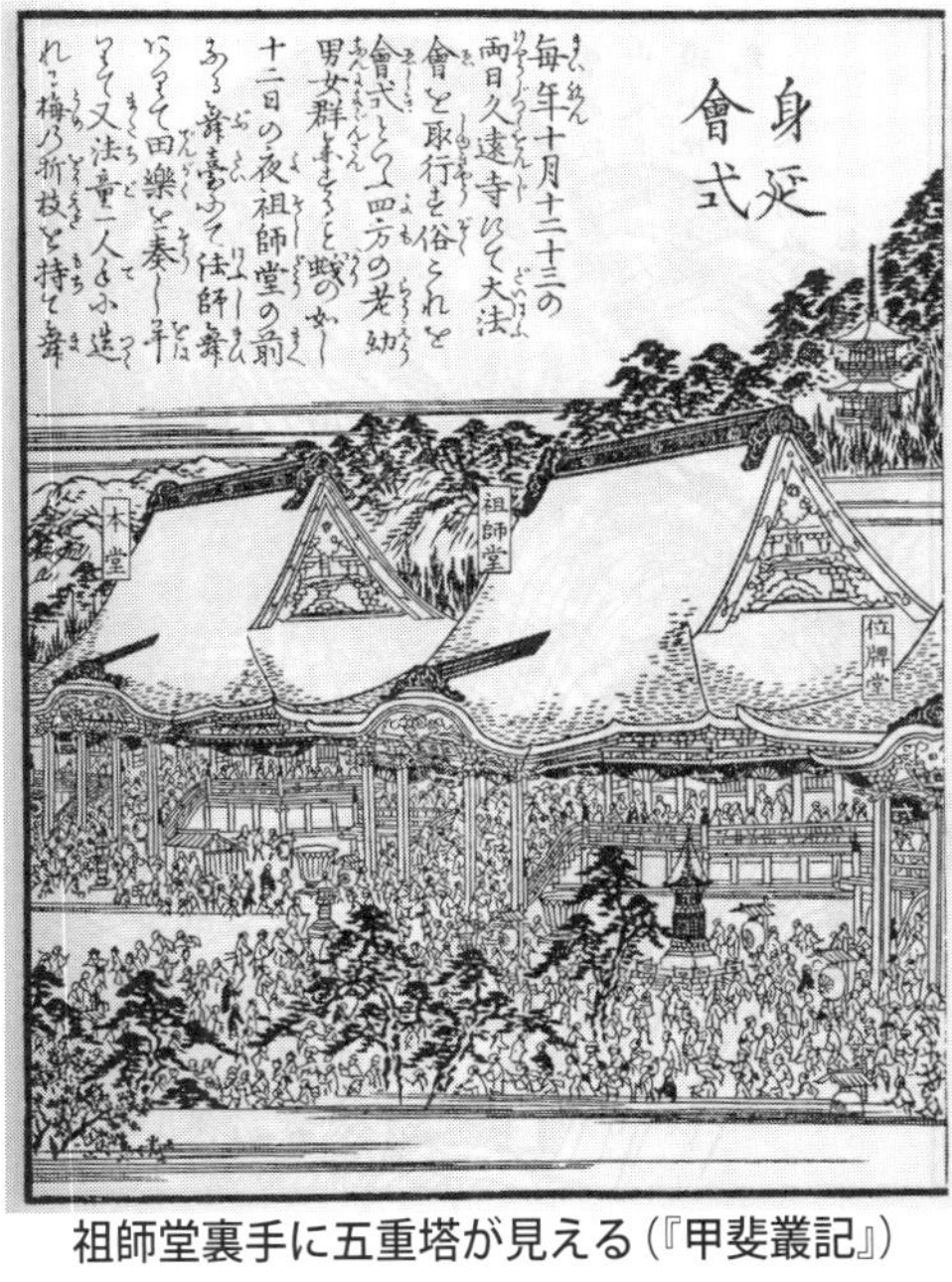

祖師堂裏手に五重塔が見える（『甲斐叢記』）

して五重塔が画かれています。身延山のガイドブック的役目を果たす案内記に、いかにも五重塔が存在しているように画かれていることは、先述したように総本山の伽藍としての五重塔の必要性を感じとることができます。

右上に「五重塔跡」と書かれた大正期の絵図

江戸時代を通じた五重塔の建立は一回目（江戸初期）・二回目（幕末期）・三回目（平成時代）とほぼ百年前後の間隔となります。寄進者面から考えてみると、一回目は寿福院といった篤信者により五重塔が建立されました。つまり、特定の法華信徒の財力により建立されたことになり

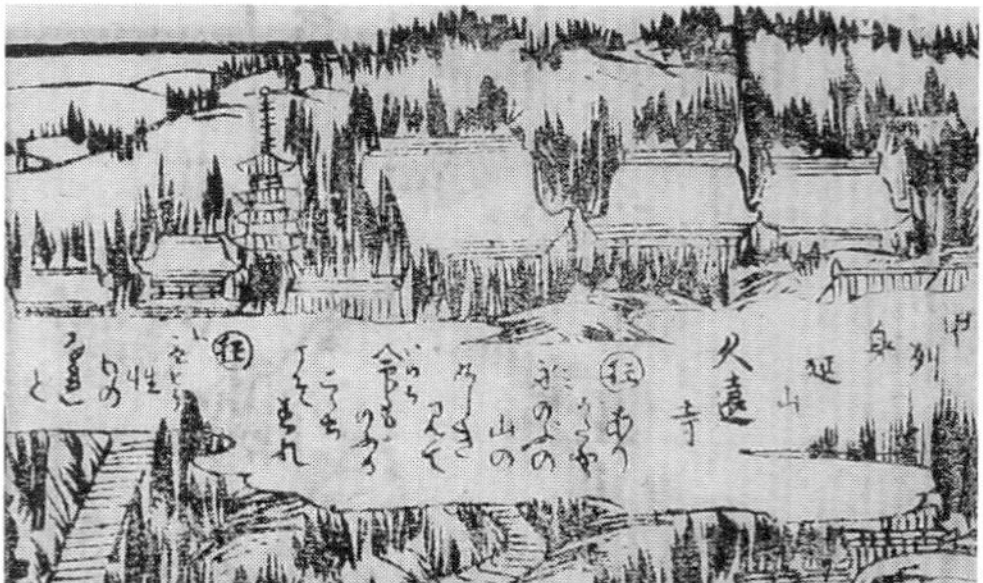

身延紀行（『金草鞋』）

ます。二回目は上棟式の折に寄進者に渡された「縮尺図」にみられるように、甲斐国内といった身延山近隣に住む篤信の信徒の存在が浮かび上がってきました。全国的に五重塔関係資料を発掘調査すれば各地の信徒の存在がもっと明らかになると思われますが、これは時を待たねばなりません。二回目・三回目の建立は特定信徒に限ることなく、身延山周辺や江戸地域を中心とした信徒の寄進により再建がなされました。三回目は平成時代に入ってからのことであり、日蓮聖人を崇拝する全国各地の信徒からの寄進により建立されたことはいうまでもありません。

以上は絵図という資料上から判明することであり、実地見聞することによってわかるこ

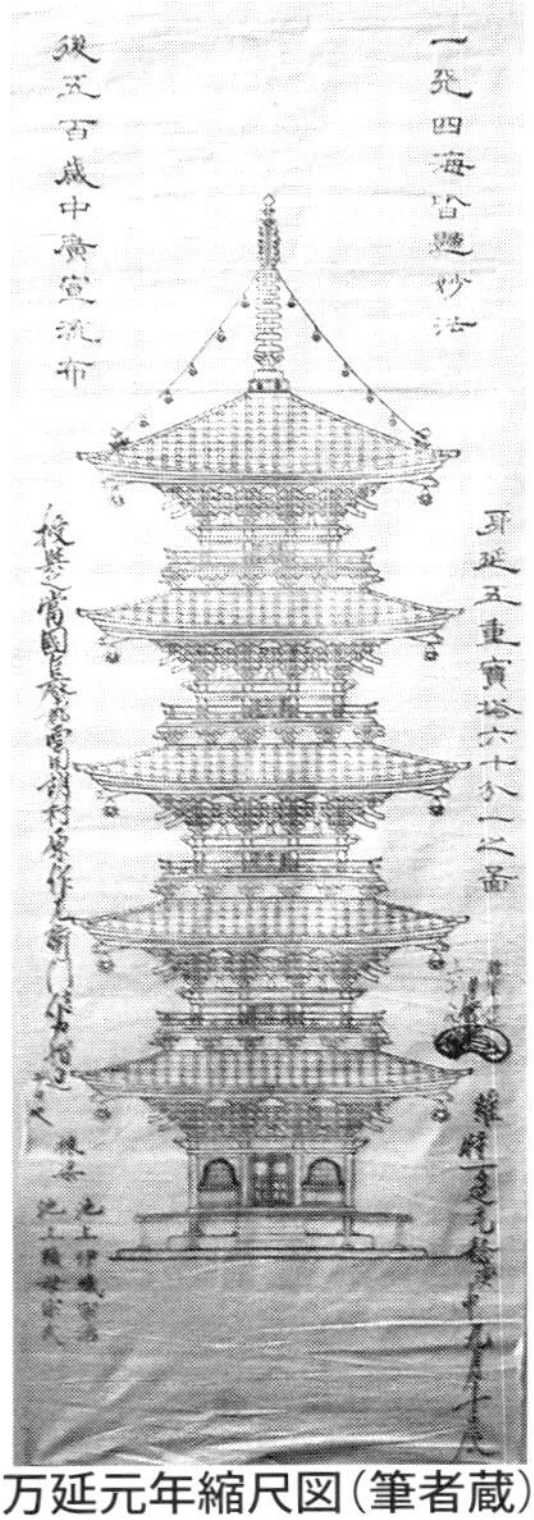

万延元年縮尺図（筆者蔵）

とも多々あります。上の山には現在も五重塔跡地があり、その礎石が遺っています。

西谷信行道場と僧侶の教育

日蓮宗の教師（僧侶）となるには、身延山西谷にある信行道場《しんぎょうどうじょう》に入場しなければなりません。これは、毎年春・夏の二回、それぞれ三十五日間開かれ、その他に尼僧の修行道場もあります。

日課は朝の身延山勤行に始まり、読経《どきょう》・声明《しょうみょう》・法要式・高座説教といった日蓮宗僧侶としての基本が教育内容となっています。これに入るには、身延山大学または立正大学で僧階単位を取得するか、毎年身延山大学を会場として行われる日蓮宗普通試験（甲種《こうしゅ》・乙種《おつしゅ》）のいずれかを受講し、試験に合格しなければなりません。

信行道場は昭和十二年（一九三七）八月一日に、日蓮宗僧侶の教育機関として開設されました。身延山にあっても宗派で管理されるため、日蓮宗の宗務総長が訓育主任・副主任・主事・書記・事務長等を任命しています。しかしながら、僧侶の修行道場であるため、道場内は基本的に一般の人は立ち入ることができません。

道場の中心堂宇となる大講堂は、函館実行寺檀家総代梅津福次郎氏の寄進によるものです。信行道場および補教信行道場において修練する僧道科目は当初、三宝給仕、正助《しょうじょ》二行、法式《ほっしき》および布教法、宗学《しゅうがく》および仏教学大意、信行訓話の五科目でした。

現在、道場のある場所には、かつて西谷檀林《だんりん》がありました。西谷檀林は僧侶の養成機関で、日蓮宗には関東八檀林、関西六檀林が存在しました。

西谷にある日蓮宗信行道場

これらの学校の学徒は学寮に寄宿し、互いに凌《しの》ぎを削って学問に専念しました。江戸時代に使用されたテキスト類が現在の身延山大学附属図書館に伝わっています。書物の種類から察すると、学ぶ科目は法華経・天台学・日蓮聖人の教義といったものですが、伝来する多くの書物が天台学関係でした。現在の身延山大学では、日蓮聖人が執筆した『立正安国論』『観心本尊抄』『開目抄』といった御書について大学在学中の四年間に学びますが、江戸時代では天台の基本となる『天台四教儀《しきょうぎ》』や天台三部（『法華玄義《げんぎ》』『法華文句《もんぐ》』『摩訶止観《まかしかん》』）を学ぶことに時間が費やされました。日蓮聖人の御書を学ぶ御書部に入るまでには、早くても十三年はかかったといいます。その主な教育課程を示せば次のようです。

西谷檀林の石塔

①名目《みょうもく》部　「西谷名目」で天台学の用語を学ぶ
②四教儀部　「天台四教儀」で天台学の基礎を学ぶ
③集解《しゅうげ》部　天台学の教え、集解・集註《しっちゅう》などを学ぶ
④観心部　金錍論《こんぺいろん》・顕性録《けんしょうろく》・十不二門《じっぷにもん》などを学ぶ
⑤玄義部　「法華玄義」で法華経の解釈
⑥文句部　「法華文句」で法華経の解釈
⑦止観部　「摩訶止観」で法華経の実践修行を学ぶ
⑧御書部　日蓮聖人の御書を学ぶ

この教育課程をみれば一目瞭然で、日蓮聖人の御書を学ぶ以前に、みっちりと天台学を学んでいたことがわかります。御書を学ぶまで時間がかかるため、途中で挫折した学徒や授業料を払えずに中途退学した学徒も多くいたことでしょう。また、

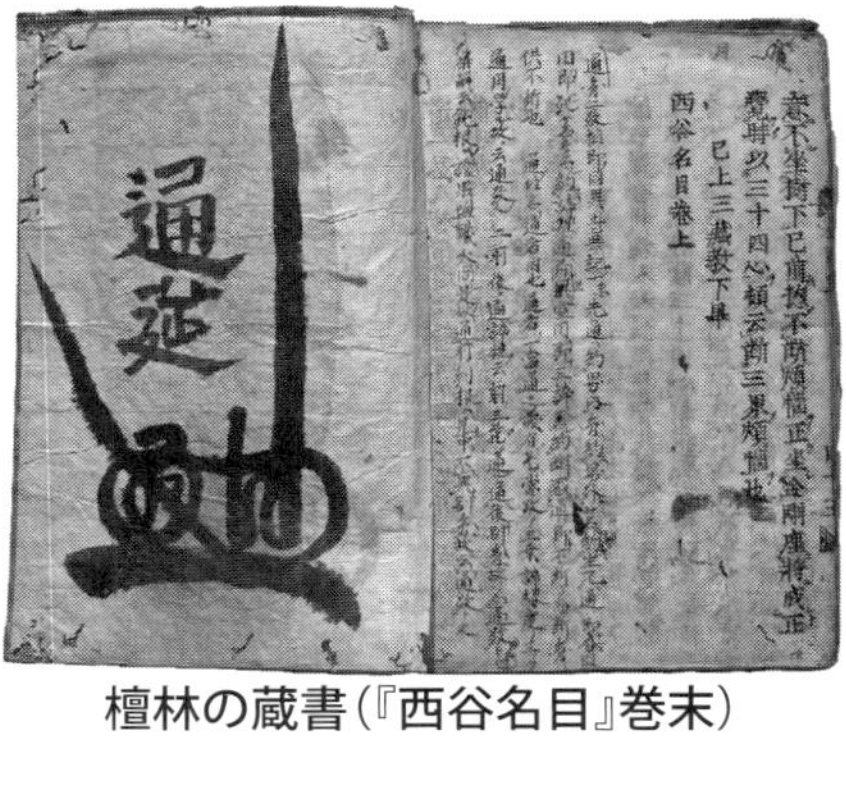

檀林の蔵書（『西谷名目』巻末）

檀林の多くは千葉県や京都市を中心とする地域に開設されていましたが、檀林には学力差があり、途中から人気のある檀林に編入（横入）する学徒もいました。著名な先生（能化《のうけ》）がいると、その檀林には優秀な学徒が集まりました。その中で飯高《いいだか》檀林（千葉県匝瑳市《そうさし》・飯高寺《はんこうじ》）は当時の最高学府といわれ、現在は立正大学として発展しています。一方、身延山内にある西谷檀林は祖山学院、身延山短期大学、身延山大学と改組し、日蓮宗の伝統ある僧風教育と学問研鑽が今もなされています。

以上お話したように、身延山大学にある図書館にお越しいただければ、日蓮宗の布教資料や檀林時代の教科書・参考書等が閲覧できます。どうぞお気軽に足をお運びください。

四、身延山の祈祷と儀礼

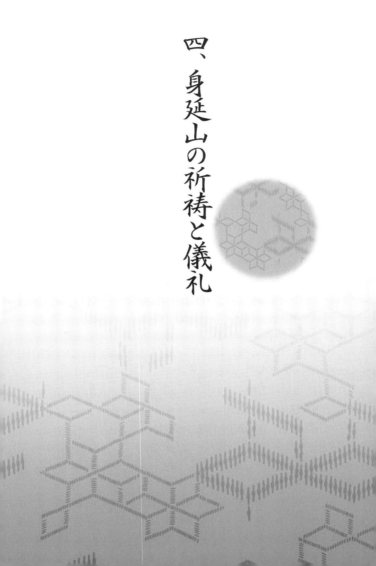

積善坊流祈祷のこと

毎年十一月一日から二月十日の百日間、日蓮宗大本山中山法華経寺内（千葉県市川市の日蓮宗加行所《けぎょうしょ》）で荒行《あらぎょう》が行われます。かつて身延山でも西谷信行道場の裏手に荒行堂があり、苦修錬行《くしゅれんぎょう》が行われていたことをご存じの方もいるかと思います。

日蓮宗の加持《かじ》祈祷というと、木剣《ぼっけん》の音が鳴り響く力強いものですが、最初は音を出す形ではありませんでした。それが明治十八年頃になると、木剣に数珠を重ねてカンカンと打ち鳴らし、九字《くじ》を切る形が考案されました。また、現在使用されいる木剣の形が資料上に

法華経寺の大荒行堂

見られるのは、十二世日意《にちい》上人代に記された相伝書が初見といわれています。

十六世紀末頃、日意上人の弟子である十三世日伝《にちでん》上人が東谷の積善坊《しゃくぜんぼう》に寄住し、七面山において唱題行を行っています。その折に七面大明神から修験《しゅげん》の術を伝授され、積善坊流をはじめたということです。他にも、七面山において三千日参籠《さんろう》を修して荒行の祖といわれている仙応房日慧《せんおうぼうにちえ》上人はその弟子です。現在の木剣加持の元となる楊枝《ようじ》木剣による加持を生み出し、積善坊流中興の祖と仰がれた僧侶に、仙寿院日閑《にちかん》上人がいます。こうした修法《しゅほう》の先師のほとんどは七面山において修行を積み、日蓮宗における修法の基を築きました。その後、元禄《げんろく》五年（一六九二）に遠寿院《おんじゅいん》の日久《にちきゅう》上人は身延山において積善坊流の相伝を受け、これを関東に持ち帰り遠寿院流という祈祷法を確立しました。

加持祈祷の中心となる積善坊は日伝上人が開基で、天文《てんぶん》十七年（一五四八）十二月の開創となります。最初は東谷にありましたが、文政《ぶんせい》二年（一八一九）南谷に移転します。日蓮宗中興の三師に数えられる日遠《にちおん》上人は、同坊の二世として祈祷法を相承《そうじょう》しています。現在の積善坊は明治七年（一八七四）に文殊坊《もんじゅぼう》を合併し、南谷より現在地の総門入り口付近に移転しています。

日慧上人の修行について紹介すると、七面山敬慎院《けいしんいん》の摩尼殿《まにでん》で二千日の修行を果たしています。成満《じょうまん》した後に下山すると、途中で勝《ぬるで》の木を感得し、再び社殿に引き返したといいます。その理由は「本日加行を成満し、帰山道にて小木を見た。生木のため加持木剣とするのは大明神の意志に背くでしょう。願わくば枯木として我に与え給え」ということで、再び山に戻って十七日間の修行し下山しています。勝の木は枯木となったため、日慧上人は再び七面山に登詣してご加護を得るよう祈念したといいます。日閑上人も師匠の日慧上人同様に七面山で百日間苦修練行し、その結果、楊枝の一枝を感得して下山しています。その後、この楊枝を使って祈祷するときは願いが叶わぬことなく、数万の人々を受戒させたといいますから、祈祷師（修《しゅ》法師《ほっし》）から崇められる僧となっています。以降、積善坊流祈祷は隆盛を極め、花之坊《はなのぼう》開基の蓮華院日応《にちおう》上人も積善坊流祈祷を相伝しており、上人が修行した滝は蓮華滝といわれています。

日閑上人は修法道《しゅほうどう》について、「修の法は平等の慈悲心を第一となす。一念に名利《みょうり》を亘《もとむ》れば必ず現罰あるべし」（『本化別頭《ほんげべつず》仏祖統紀《ぶっそとうき》』）と修法を志す者に対して訓戒しています。主意は、日蓮宗の修法道は人に対して平等に修さなければならず、もし儲けを考えて修法したとしたら、それは罪のあることである、ということです。当然のことながら、これは後の修法師への戒めとなっています。

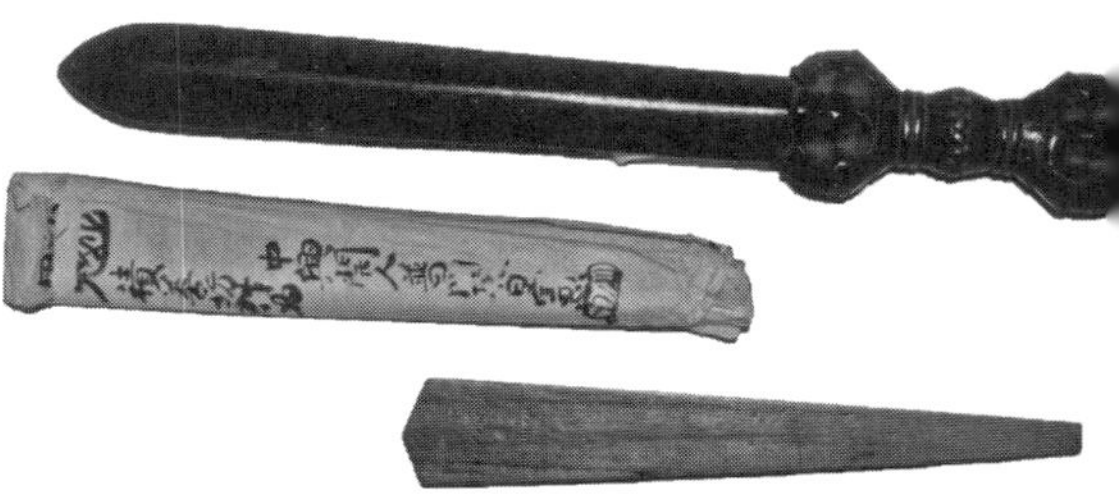
積善坊流木剣（身延文庫蔵）

修法師が行う加持祈祷は日蓮宗独特のスタイルで、早いお経の拍子と木剣の甲高い音に象徴される修法は、法華経を信仰する人々の災いを消滅し、願いを叶えてくれます。

日脱上人と加持祈祷

日脱《にちだつ》上人は三十一世の法主《ほっす》で、京都の本山立本寺《りゅうほんじ》から晋山《しんざん》しました。日脱上人の功績は、身延山住持の紫衣《しえ》着用と寺紋《じもん》の「抱き牡丹《ぼたん》」の拝受（「近衛牡丹」を朝廷より拝受）にあります。その後後継者の智寂院日省《にっせい》上人（三十二世）、その後の遠沾院日亨《おんでんいんにちこう》上人（三十三世）とともに、身延山中興の三師として仰がれています。

江戸時代の『身延山図経《ずきょう》』の御真骨堂《ごしんこつどう》付近を

祈祷堂（左上）とその周辺（『身延山図経』）

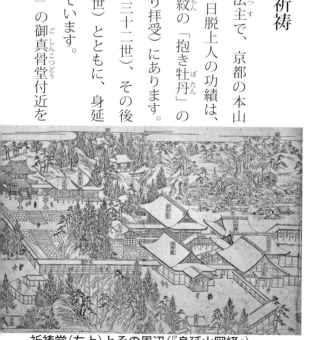

みると、現在の建造物と少し違っています。ここには、かつて祈祷堂・脱影堂《だつえいどう》・影《よう》現堂《げんどう》が建立されていたことがわかります。祈祷堂は加持祈祷を行うための堂宇で、三十一世日脱上人代の貞享《じょうきょう》年中に建立され、ここでは天下泰平、妙法公布が祈願されていました。本尊は釈迦像・五番神像・日蓮聖人像です。脱影堂は日脱上人の像を祀る堂で、身延山中興の師と仰がれている歴世ならではの堂宇です。

日脱上人といっても知らない読者が多いと思いますが、江戸時代の身延山発展にとっては欠かせない僧侶です。何といっても、身延山の寺紋「近衛牡丹紋」を京都の朝廷から賜わるのに一役買ったことは大きな事といえます。他にも、身延山内に祈祷堂三十六坊を建立し、そこに僧侶を常住させてお経をあげさせたといいます。『身延山諸堂記』には「三十六人僧を

抱き牡丹（近衛牡丹）

定め、昼夜不断に妙経を読誦《どくじゅ》す。日本国中に御祈祷所多きと雖《いえど》も不断に経王を読誦する。これは但《た》だ当山に限る」と絶賛しています。この三十六坊を建立するにあたって施主が募られましたが、この中には江戸城大奥に住む女中や江戸の商人の名前がみられます。言い換えれば、江戸市域に身延山信仰が広まっていたことが知られるわけです。

一時期の身延山には読経の声が木霊《こだま》し、神聖な雰囲気が漂っていたことでしょう。祈祷堂三十六坊が建立された場所は上《うえ》の山域が多く、この地は現在の本堂裏手にあるところから、身延山の霊域として信徒が上の山に巡拝しました。

脱影堂は願主堂ともいわれ、多くの信徒による祠堂金《しどうきん》によって建立されました。ここでは、施主の祈願を毎日行っていたようです。久遠寺は信徒から奉納された金を一旦預り、これを祠堂金として一般の人々に利息をつけて貸し付け、堂宇修復の資金に充てたようです。つまり、寺院は現在の銀行のような金融業務を行っていたことになります。また、加持祈祷を主とする現世利益《げんぜりやく》の祈願が信徒に募られ、積極的に祈願を行っていた様子がわかります。

影現堂は七面大明神を祀る堂宇で、身延山の守護神である七面大明神が現れた堂宇という意味でその名がつけられたということです。三十二世日省上人代に建立され、毎月祈祷を行っていたことが『身延山諸堂記』に記されています。注目すべきこととして、この拝殿に三十六歌仙の額が慶《けい》長《ちょう》十四年（二十二世日遠上人代）に江戸信徒より奉納されていたことが挙げられます。

茶堂《さどう》は字の通りお茶室で、身延山に参拝した人に対し、ここでお茶が振る舞われたようです。

次に現在の仏殿《ぶつでん》（位牌堂）・御真骨堂付近を散策

当時の鶯谷と通本橋

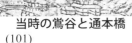

してみましょう。この付近は、古来は谷（鶯谷《うぐいすだに》）になっており、後世に埋め立てられて現在のような平地になりました。江戸時代の絵図をみると、ここには通本橋《つうほんばし》という橋桁の高い橋が架けられており、この橋を境に東西に堂宇が二分されていた様子がわります。

こうして、実際に身延山を歩いたり古文献を紐解くことにより、身延山の文化や歴史がわかることが多々あります。体を使ったり、頭を使ったり、身延山のことを知るためには常に探求心が不可欠です。

法主猊下の御親教

御親教《ごしんきょう》とは、日蓮宗『宗制』の「布教規程」に〝日蓮宗管長が行う布教〟と規定されています。明治十年（一八七七）の「宗則」第五号には「布教ヲ分ツテ親教、特派、認可、通常ノ種トシ、コノ中、親教ハ管長親《みずか》ラ教区若《も》シクハ数教区ヲ巡化《じゅんげ》スル者トス」と定められています。また、昭和六年の改正「布教条例」に「管長は毎年特定の化境《けきょう》に親教す」と示されていることから、宗派の布教活動として重要なものと位置づけられていたわけです。

管長制度が始まった明治時代の身延山久遠寺歴代法主猊下《げいか》で、日蓮宗管長職を委嘱され日蓮宗を代表する要職を兼ねていた方がいます（新居日薩《にっさつ》）。また、身延山久遠寺は日蓮宗という宗派の総本山であり、その住持は信仰の象徴として教え（法）を弘める主という尊称（法主）を有しています。よって、法主猊下の布教も「御親教」と称しています。

身延山史を振り返ると、江戸時代の天保《てんぽう》八年（一八三七）から十一年間、六十世日潤《にちにん》上人が各地に布教を行っています。この御親教の儀礼は後の歴代法主にも受け継がれています。六十一世日心《にっしん》上人の記録をみると、大阪・中国・四国・九州地方の巡回布教を行い、その際に日祥《にっしょう》上人、日孝《にちこう》上人が法主猊下の「御名代《ごみょうだい》」として遣わされ、言説布教を行っています。御名代の形態は、身延山御大会《ごたいえ》法要（お会式他）

の折に「御代講」があり、これも身延山布教師が法主猊下に代わって説教する布教として現在も続いています。これは明治時代以前の身延山は交通の便も悪く、法主猊下の度重なる布教は困難を極めたので考案された布教形態といえます。

明治八年（一八七五）に身延全山は大火に見舞われましたが、これが後に「明治八年の大火」といわれる出来事です。久遠寺でこの時に失われた祖師堂、他の堂宇復興のため、全国各地で勧募が行われました。特に当時の法主であった七十四世日鑑《にちかん》上人は、明治十三年（一八八〇）に九州地方を御親教し、翌十四年（一八八一）同じく九州、十五年（一八八二）東北地方、十六年（一八八三）には上総《かずさ》・下総《しもうさ》地方に出向き、盛んに布教を行っています。そして、七十八世日良《にちりょう》上人は三門建立のため、明治三十年（一八九七）より四十一年（一九〇八）まで北陸・東京・東海・京都・大阪・兵庫・三重・九州地方へ積極的に御親教を行っています。他にも、紙面には挙げることができないほど歴代法主が各地に出向いて御親教を行い、身延山復興のため先頭に立って布教活動を行っています。江戸時代に、身延山の古仏堂祖師像と奥之院祖師像が交互に深川《ふかがわ》浄心寺（江東区平野）で出開帳《でがいちょう》を行いました。これも布教活動の一環でしたが、度重なる災害を被《こうむ》ったため諸堂再建の浄財勧募も兼ねていました。この出開帳の時の収益金が身延山の堂宇再建のために実際に使われていたことからもわかります。

写真に取り上げた日鑑上人の曼荼羅本尊の脇書《わきがき》に「授与之大阪府下頂星結社中信力堅固者也」「明治十二年四月十二日巡教中書於雲雷寺」と揮毫《きごう》されています。この墨書銘より、この本尊は明治十二年（一八七九）四月十二日に日鑑上人が大阪

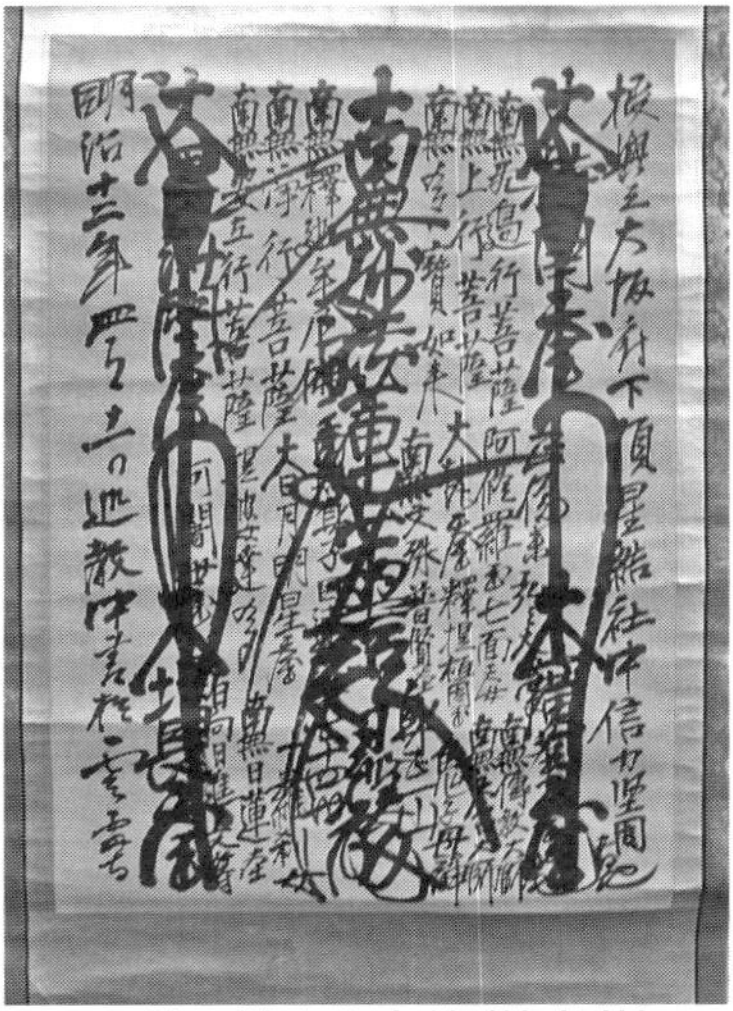

74世日鑑上人本尊（筆者蔵）

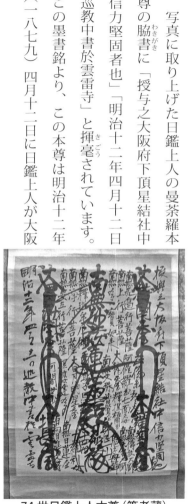

御親教を行った折、雲雷寺において市内の頂星結社に授与した御本尊ということになります。この日鑑上人の曼荼羅本尊は、各地の寺院や信徒宅に調査へ行くと発見することがありますので、かなり多くの御本尊を揮毫されたと考えられます。授与された僧侶や信徒は、法主猊下直筆の御本尊ということで大事に護持していたようです。現法主の内野日総《にっそう》猊下も各地で御親教を行い、多くの信徒と結縁《けちえん》を結ばれています。

歴代法主猊下が揮毫された曼荼羅本尊の脇書には、授与された寺院僧侶・信徒名やその曼荼羅本尊を意味づける文字が揮毫されます。よって曼荼羅を注意深く観察（調査）すると、身延山のことがわかってきます。

出開帳という儀礼

江戸時代の身延山は、度重なる災害や火災によって中心となる堂宇がいくつも失われています。その折に、久遠寺歴代の住持（法主）は諸堂復興のため、勧進活動を積極的に行いました。その活動のひとつに出開帳という儀礼があります。

開帳《かいちょう》には居開帳《いがいちょう》と出開帳の二つの形態があり、前者は開帳される仏像が安置される寺院で開帳を行い、後者は都市や人が集まる場所（寺院）に仏像や御宝物《ごほうもつ》を持参し、開帳を行うものです。本来、開帳という儀礼は仏像を礼拝《らいはい》する儀礼だけでなく、御宝物の拝観も伴っていました。そこで、仏像の礼拝だけの時は「開《かい》扉《ひ》」という漢字を使います。古い開帳札に「開扉高祖日蓮大菩薩像」とあるように、厨子《ずし》を開くという意味で「開扉」の漢字が使用され

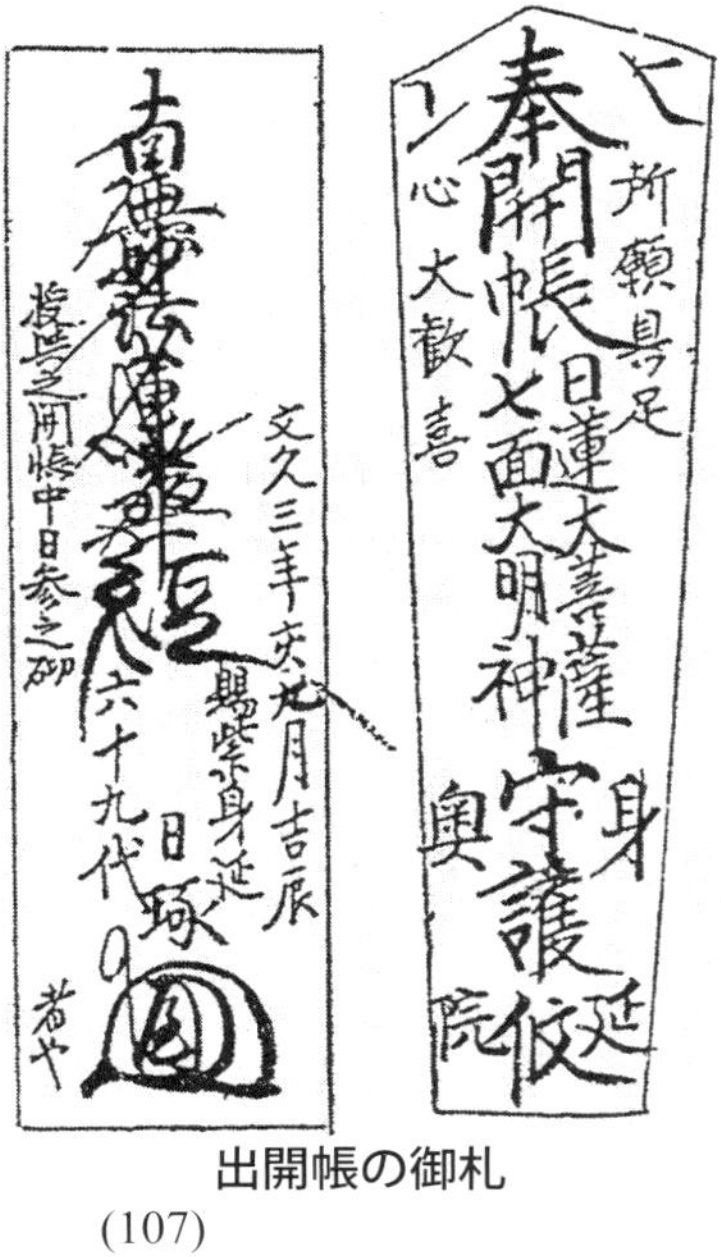

出開帳の御札

ています。よって厳密に解釈すれば、「開帳」という儀礼は仏像を拝するだけでなく御宝物を展覧しなければならないことになります。身延山の江戸出開帳は、記録によると江戸時代に十回行われ、祖師像や秘蔵の御宝物が江戸に運ばれました。出開帳の場所は、久遠寺の末寺で江戸下町にある深川浄心寺が選ばれ、御宝物の中には日蓮聖人が愛用した数珠、日蓮聖人筆の曼荼羅本尊、七面大明神像、日朝上人像といった身延山秘蔵のものがありました。これらの仏像や御宝物を直接拝することにより、日蓮聖人や身延山への信仰心が高まり、遥々身延山へ登詣する人が増えたといいます。

出開帳が行われた深川浄心寺

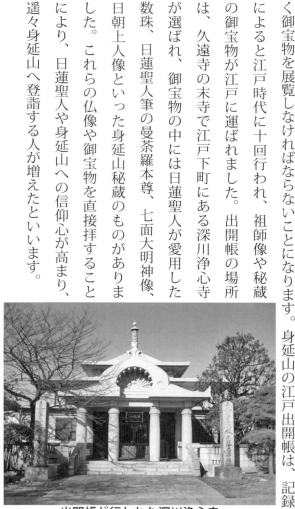

出開帳は江戸幕府の許可が下りなければ基本的に行うことはできず、一度行うと次に出開帳できるまでの年数が決まっていました。そこで、身延山でも古仏堂祖師像と奥之院祖師像という、異なった祖師像を交互に出開張し、開帳できる間隔を短縮する努力を行いました。

身延山の伽藍《がらん》の中心部に位置する祖師堂は、身延山信仰の根本となる宗祖日蓮大聖人像を安置し、開帳儀礼を通じて信仰行事が執り行われます。中央の宮殿《くうでん》に祀られた祖師像の緞帳《どんちょう》を上げ、日蓮聖人像に私たちが面奉《めんぶ》（対面）します。そこで、日蓮聖人と結縁を結ぶことより、信徒は霊験あらたかな日蓮聖人像に読経・唱題し、祈りを捧げます。

祖師像への開帳祈願には、家内安全・身体健全・病気平癒といったさまざまな祈りがあり、江戸の各所には庶民の願いを満たす祖師像が誕生しました。例えば、安産祖師・厄除祖師・布引《ぬのびき》祖師・願祖祖師といった名称の祖師像があり、それぞれ日蓮聖人とのつながりや由緒からその地域に住む人々に信仰されました。江戸時代の江戸は首都としての機能を持っていたため、法華信仰のみならず、全国各地からさまざまな宗教が入ってきました。全国各地の日蓮宗寺院でも、祖師像の出開帳を江戸で行うと多くの寄付金が寄せられました。身延山では、幕末期の祖師像出開帳の収入をみると莫大な金額が集まっており、ひとたび開帳行事が催されるとたいへん大掛かりな行事となりました。この

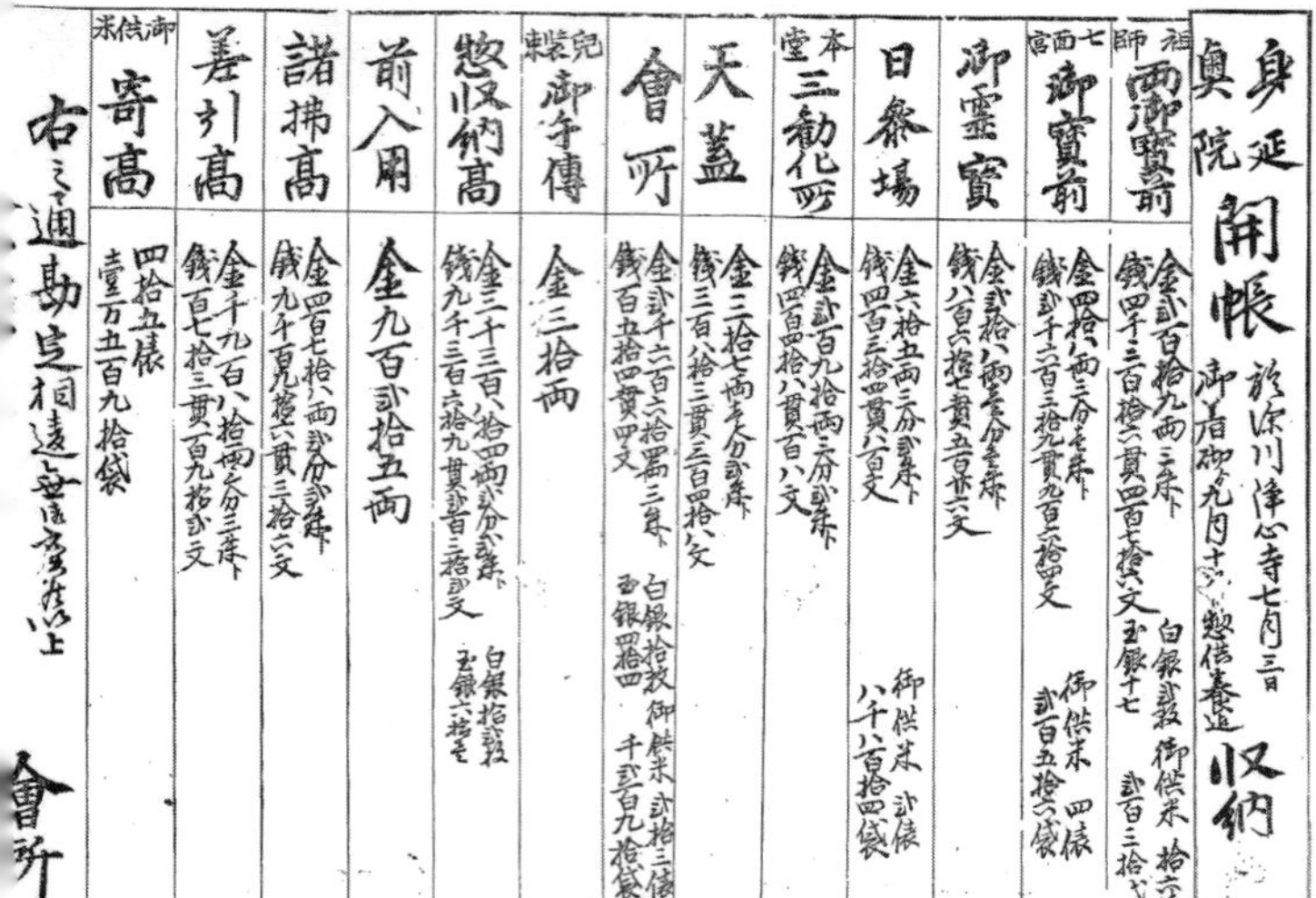
身延奥院開帳　於深川浄心寺　収納

祖師両御寶前	金弐百拾九両三朱 銭四千三百拾六貫四百七拾六文
七面宮御寶前	金四拾八両 銭弐千六百三拾九貫九百六拾四文
御霊寶	金弐拾八両 銭八百六拾七貫五百廿六文
日祭場	金六拾五両 銭四百三拾四貫八百文
本堂三勧化所	金弐百九拾両 銭四百四拾八貫百八文
天蓋	金三拾七両 銭三百八拾三貫三百四拾八文
會所	金弐千六百六拾四両 銭百五拾四貫四文
兒装束御寺傳	金三拾両
惣収納高	金三千三百八拾四両 銭九千三百六拾九貫弐百三拾弐文
前入用	金九百弐拾五両
諸拂高	金四百七拾八両 銭九千百九拾六貫三拾六文
差引高	金千九百八拾両 銭百七拾三貫百九拾弐文
御供米寄高	四拾五俵 壹万五百九拾袋

右之通勘定相違無御座候以上

會所

深川浄心寺での出開帳の収納高

時の浄財は身延山の堂宇再建のために使用されることになりました。

出開帳する祖師像の縁起には、身延山が日蓮聖人遺骨の全身収納の霊場であること、祖師の霊験あらたかであることが謳われ、身延山が日蓮聖人晩年の九年間過ごされた霊場であることを強調することで、他の寺院と由緒の上で一線を画しました。江戸城大奥内に住む女性も身延山の祖師像を信仰していたことが明らかになっています。浄心寺における出開帳の前後には、江戸城大奥内に身延山の祖師像が立ち寄っているほどです。この折に、数珠・曼荼羅・祖師像といったものが頒布され、大奥女中に求められています。七面山の御土《みつち》や日朝上人の眼病平癒の眼薬が多く求められていたことより、現世利益の信仰が顕著であったことがわかります。また、子宝成就のための護符や御守も求められていたことが開帳記録に記されており、当時の女性の法華信仰の高揚を知る貴重な資料となっています。

廃仏毀釈と身延山の守護神

日蓮宗や身延山にとって、明治維新は大きな転機を迎えた時期です。明治元年（一八六八）十一月、明治政府は神仏分離令を発し、日蓮宗における三十番神《さんじゅうばんじん》の祭祀、曼荼羅中の天照大神《てんしょうたいじん》・八幡大菩薩《はちまんだいぼさつ》の勧請《かんじょう》に対する規制を行いました。両神は日本の神々の中でも中心的な存在で、特に天照大（太）神は日本の天皇のルーツに関わってくる神であり、天照大御神《あまてらすおおみかみ》、天照皇大神《てんしょうこうたいじん》と呼ぶこともあります。その名のとおり「天を照らす＝太陽」であり、日（日神《にちじん》）のことです。天照大神を祀る神社は全国各地にありますが、その総本社は伊勢神宮の内宮《ないくう》です。現在も「お伊勢参り」として各地から伊勢に登詣しています。

この天照大神の勧請に対し、明治二年（一八六九）、久遠寺は江戸触頭《ふれがしら》谷中瑞輪《やなかずいりん》寺《じ》・足立善立寺《ぜんりゅうじ》・杉並宗延寺《そうえんじ》の三ヵ寺を通じて、末寺に以下の内容の通達を行いました。

一、天照大神・八幡大菩薩、すべて神様の仏像は仕舞う事。
一、鎮守等があれば氏子《うじこ》に神像を渡す事。
一、過去帳に三十番神を勧請している場合は仕舞い置く事。
一、ご本尊の中に神号《しんごう》があれば右同断である。
一、経帷子《きょうかたびら》に神号があれば除く事。
一、菊御紋《きくごもん》付の法衣《ほうえ》の使用は遠慮する事。
一、各寺において勧請している神仏を勝手に改めてはいけない。（現代語訳）

そのままでは守護神自体も廃棄されるため、近

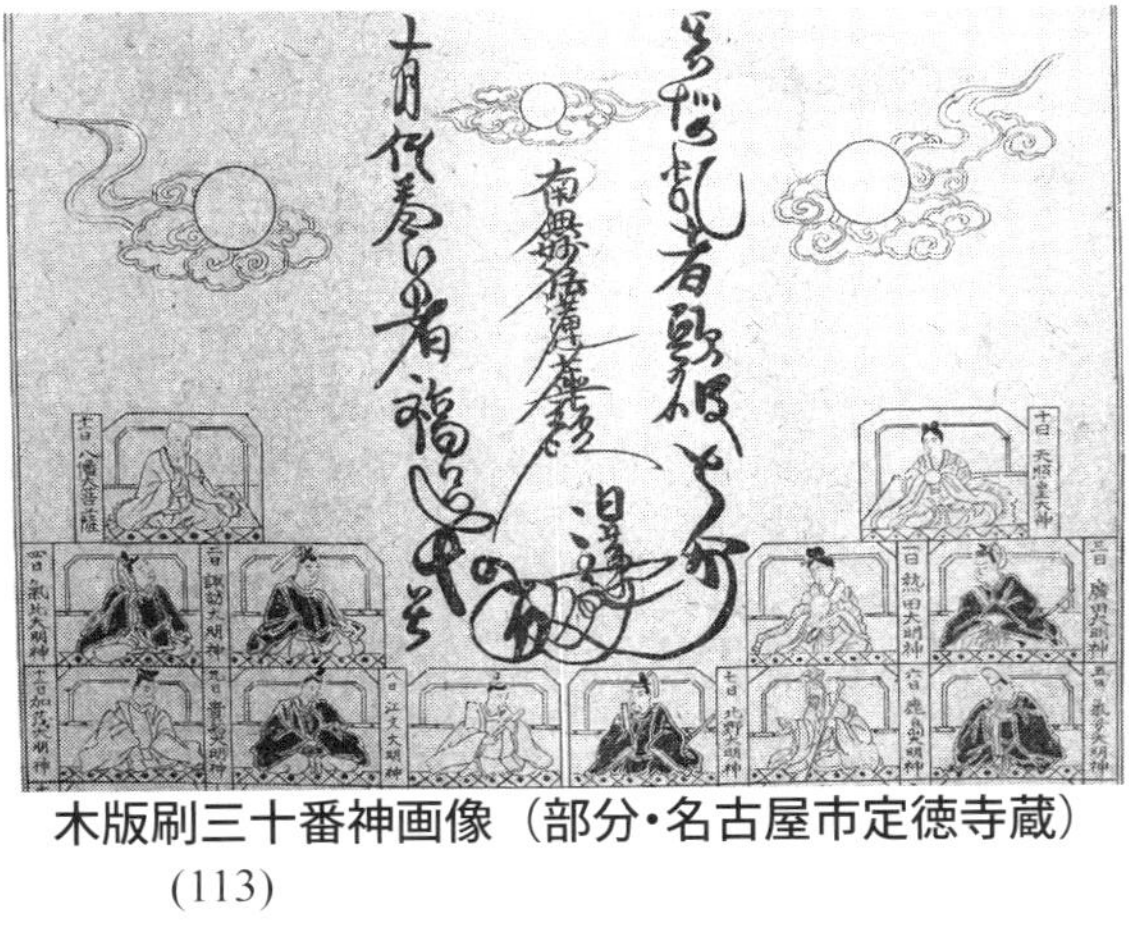

木版刷三十番神画像（部分・名古屋市定徳寺蔵）

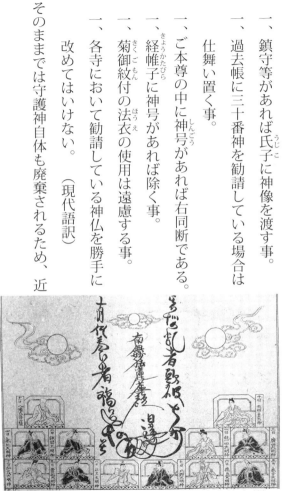

代に入るとその名称に変化がみられます。『武江《ぶこう》年表』の明治三年（一八七〇）の項をみると、「浅草本法寺熊谷稲荷《くまがやいなり》も普賢菩薩《ふげんぼさつ》と改む」とあり、流行神《はやりがみ》は明治政府の神仏分離政策によって神像と仏像に区別されました。つまり、仏教の守護神が菩薩と名称を変えることにより寺院に留まることができました。また、同五年の項には「三月朔日《ついたち》より晦日《みそか》まで深川浄心寺祖師・七面菩薩開帳」とあり、七面大明神が七面菩薩といった名称に変わっています。

身延山内でも七面山が廃仏毀釈《はいぶつきしゃく》の対象となり、「七面大明神」という尊称が「七面天女」となっている例があります。廃仏毀釈は寺院の堂宇や所蔵する仏像・経典を破壊し、出家者（僧侶）や寺院が受けていた特権を奪うことです。「廃仏」は「排仏」とも書き、仏教を排する意味があります。この廃仏毀釈に先立って出された「神仏分離令」は神道《しんとう》と仏教の分離が目的であり、仏教そのものを排斥するものではありませんでしたが、結果として廃仏運動を生み出すこととなりました。法令では、以下の二点が主に禁止となっています。

一、神様と仏様を一緒に祀ること。

二、神社のご神体に仏像を用いない。　（現代語訳）

いわゆる神社から仏教的要素を払拭することにあり、他にも、祭神決定、寺院の統廃合、僧侶の神職への転向、仏像・仏具の破壊、仏事禁止などが実施され、仏教界は混乱しました。これは明治四年（一八七一）に入ると終息しましたが、その影響は甚大でした。仏教は当時の平田篤胤《あつたね》の国学や水戸学によって打撃を受けています。こうして、廃仏毀釈は神道を国教化する明治政府の動きと結びついて展開されました。

法華の守護神である三十番神の十日に位置づけられる天照大神も、こうした時代の荒波を乗り越え、現在まで法華の守護神として信仰されているわけです。身延山内の守護神で明治政府に廃棄されなかったために、現在伝えられている仏像も少なくありません。

五、身延山と関連のある寺院

身延山と東京身延別院

別院は日本仏教の各宗派に存在し、有名なものに法相宗《ほっそうしゅう》大本山薬師寺東京別院（品川区）・浄土真宗本願寺派本願寺別院（東京・長野・新潟等）・真宗大谷派高田別院（新潟県上越市）・真言宗智山派《ちさんは》成田山新勝寺札幌別院があります。

日蓮宗でも、ハワイ日蓮宗別院（ホノルル市）・サンノゼ日蓮仏教会妙覚寺別院（カリフォルニア州サンノゼ市）・日蓮宗米国別院（ロサンゼルス市）といった別院と称する寺院が世界各地にあります。身延山久遠寺の海外別院も身延山南米別院恵明寺（サンパウロ市）・身延山スリランカ別院（プッタラム県）等が創設されています。

国内でも明治・大正期には幾つかの身延別院が設立されましたが、『続身延山史』には、国内に東京別院（中央区）・佐世保別院（佐世保市延寿寺）・福岡別院（福岡市博多区日蓮聖人銅像護持教会）・岡谷別院（長野県岡谷市）・関東別院（世田谷区玉川寺《ぎょくせんじ》）・甲府別院（甲府市身延山尼別院）・宮崎別院（宮崎市立正寺《りっしょうじ》）等が挙げられています。近年スリランカに建立された身延山別院の様子は、身延山の布教誌『みのぶ』で紹介されています。

　別院の公称について、『続身延史』では二つの形態があると記しています。一つは別院の人事権を掌握し維持経営にあたっている場合で、もう一つは身延別院の公称のみを許可した場合です。前者には、東京・関東・佐世保・福岡・岡谷・甲府等があります。昭和に入ると多くの別院が許可され、身延山と関係深い別院が各地に誕生しています。

東京身延別院の境内

ところで、東京身延別院は七十九世日慈《にちじ》上人代の大正二年（一九一三）東京小《こ》伝馬町《でんまちょう》祖師堂を久遠寺直轄東京身延別院（東京都中央区日本橋小伝馬町三―二）とし、久遠寺執事を主任としてその経営にあたらせています。この別院のある場所は牢屋（伝馬町牢屋敷）跡で、慶長《けいちょう》年間に常盤橋《ときわばし》から移転して明治八年（一八七五）に市谷監獄《いちがやかんごく》ができるまでの約二百七十年間存続しています。この間に、平賀源内《ひらがげんない》・高野長英《たかのちょうえい》・吉田松陰《よしだしょういん》・鼠小僧次郎吉《ねずみこぞうじろきち》など、全国から江戸伝馬町牢獄送りとなって入牢した者が数十万人を数えたというから驚きです。

別院の祖師堂に安置される祖師像は桧材《ひのきざい》の寄木造《よせぎづくり》で、像高七十㎝ある格調高い仏像です。明応《めいおう》六年（一四九七）七月、施主河島盛正《かわしまもりまさ》の墨書銘があり、仏師山城発教定蓮《ぶっしやましろほっきょうじょうれん》の造立による室町時代後期の日蓮聖人坐像であることがわかります。この像は明治十六年（一八八三）身延別院創建の際に久遠寺から迎え、本尊となったものです。堂宇は関東大震災の焼失を免れ、昭和四十七年に東京都の有形文化財に指定されています。

同別院に安置する大黒天の由来は、案内板によると「現代の名優長谷川一夫氏は、京都伏見に出生してそこに油かけ町あり、昔油を売る商人道端の石像に間違って油をかけて以来商売が繁盛したりと。同しげ夫人は神仏に篤く帰依し、戦後間もなく、隅々この油かけ天神が夢にて、帝都に祀り衆人と結縁《けちえん》せしめとの霊夢を蒙《こうむ》り、早速身延別院の住職に相談し、天神を祀る」と記されています。よって古い時代のものではなく、昭和時代に入って祀られた大黒天ということになりますが、商売繁盛の大黒天として地域の人々に信仰されています。なお、境内には光明《こうみょう》

東京身延別院の油かけ大黒㊨と鰻供養塔㊧

稲荷《いなり》という稲の祠と、四菩薩の一つ浄行《じょうぎょう》菩薩を祀る堂宇があります。浄行菩薩は上行《じょうぎょう》・無辺行《むへんぎょう》・安立行《あんりゅうぎょう》の菩薩とともに地涌《じゆ》の四菩薩《しぼさつ》の一つです。身代わり菩薩として信仰されているようで、自分の病気の箇所をタワシで洗う人をよく見かけるといいます。

歴代別院住職の中には、八十六世藤井日静《にちじょう》猊下、九十一世藤井日光《にちこう》猊下がおり、両上人とも別院の復興・発展に尽力しています。

因みに、別院の付近には村雲《むらくも》別院がありました（昭和二十七年に村雲山瑞法光寺《ずいほうこうじ》へ改称、昭和六十二年に茨城県取手市《とりでし》へ移転）。同寺は十世日英尼《にちえいに》によって開かれ、滋賀県にある本山瑞龍寺《ずいりゅうじ》（近江八幡市《おうみはちまんし》）の別院として鬼子母神《きしもじん》像を祀っています。

東京身延別院の祖師像

江戸時代の身延山は堂宇の建立が目白押しでしたが、その資金を調達するため江戸時代の間に十回、深川浄心寺において身延山の祖師像や御宝物《ごほうもつ》の出開帳《でがいちょう》を行いました。江戸時代の江戸市中には多くの住民が暮らし、法華信徒もたくさんおりましたので、身延山の祖師信仰の証しである古仏堂祖師像と奥之院祖師像が交互に出開帳されました。

現在、東京身延別院の祖師堂に安置されている祖師像は、桧材寄木造で像高七十cm・袖張七十六cmの大きさです。この像は、江戸時代に身延山久遠寺の宝蔵に祀られていた尊像です。「願満高祖日蓮大菩薩像」「牢屋ヶ原のお祖師さま」と称され、由緒については『宝蔵安置高祖大士略縁起』に記されています。

東京別院は明治十六年、久遠寺七十三世新居日薩《にっさつ》上人の開山で、同寺は伝馬町牢屋敷跡に建立された寺院です。身延山の東京地域における布教所として創立された東京別院は、身

東京身延別院の祖師像

延山の別院であることから主管制が敷かれ、そこには期限付きの別当が就任していました。後に宗教法人となり、昭和十七年藤井日静上人が初代住職となっています。

東京別院に安置される祖師像は、かつて身延山久遠寺宝蔵に安置されていたことが略縁起によって明らかとなります。ところで、明治八年（一八七五）五月、東京芝二本榎《しばにほんえのき》宗教院（かつて港区高輪《たかなわ》の承教寺《じょうきょうじ》内に存在）は日蓮宗大教院と改められていますが、その大講堂の本尊としてこの像が身延山から遷座されました。同十四年（一八八一）六月二十五日から五日間、大教院において日蓮聖人第六百遠忌《おんき》法要が奉行されましたが、この折に開扉《かいひ》・説教・宝物拝観が行われて賑わったということです。その翌年九月に、縁あって小伝馬町祖師堂に安置されました。

元来は、元弘《げんこう》元年（一三三一）の日蓮聖人第五十遠忌にあたる折、諸国より門下檀越で登山する人が甚だ多く、京都に布教していた日像上人が自ら刻んだ祖師像を守護し、身延山に詣でてこれを安置したというとです。関東大震災の折には、船に乗せて川に流し焼失を免れたということから、この尊像は「天聴《てんちょう》の祖師」「願満の祖師」と称されるようになりました。こうした由緒があって、別院の尊像は東京都の有形文化財（彫刻）「木造日蓮聖人坐像」に登録されています。

豊原国周《とよはらくにちか》画の錦絵《にしきえ》「村雲鬼子母神堂・願満祖師堂一覧之図」をみると、「日本橋小伝馬町は牢屋敷跡へ祖師堂および鬼子母神堂其《その》外《ほか》いと美なる堂宇を造築し、今は他に並びなき繁昌《はんじょう》の霊地となる」（現代語訳）とあり、村雲の鬼子母神堂と当山の願満祖師像が信仰を集めていた様子が知られます。

身延山宝蔵安置の祖師像（『法華諸国霊場記』）

先述したように、祖師像は明応六年（一四九七）の作で、身延山にとっても、かつて室町時代に勧請《かんじょう》されていた祖師像であり、身延山の歴史を物語る尊像といえます。これも身延参詣講や身延山巡拝といった信仰行動を通じて、身延山信仰が江戸に華開いたお陰です。江戸の法華信徒は江戸時代の一時期、行事の折に身延山へ登詣し、信仰の証しとして寄進行為を積極的に行いました。東谷の大林坊《だいりんぼう》内には江戸講中が建てた石塔数基が点在し、往事の盛んな法華信仰の姿を偲ぶことができます。全国各地の日蓮宗寺院を歩くと、身延山とのつながりを示す御宝物が多々あります。例えば、各地の寺院に勧請される七面大明神像の存在は、身延山信仰の地域伝播を示す貴重な資料となります。眼病守護の日朝《にっちょう》上人像も同様です。身延山信仰の広がりを研究するため、身延山に関する御宝物がありましたら筆者にご一報いただければ幸いです。

【参考】「東京身延別院縁起」

身延山と東身延本覚寺のこと

東身延・関西身延・北海身延といった、身延山とのつながりを示す寺院が全国各地に存在します。これらの寺院は、身延山久遠寺とゆかりのある寺院として各地に建立されました。それぞれの寺院の由緒や縁起はまちまちですが、身延山とつながりがあることに関しては共通しています。鎌倉市内にも身延山とご縁のある寺院がいくつかあります。身延山と鎌倉の結びつきは、日蓮聖人の時代に遡《さかのぼ》ります。日蓮聖人以降も、当時の首都鎌倉ということで日蓮宗寺院が建立されました。本覚寺《ほんがくじ》（鎌

平成28年に改修を終えた本覚寺の本堂

倉市小町《こまち》）は久遠寺十一世日朝上人の師匠にあたる日出《にっしゅつ》上人の開山で、永享《えいきょう》八年（一四三六）に創立されました。日蓮聖人のご遺骨を分安し、本堂内には身延山の鎮守《ちんじゅ》である七面大明神像や眼病守護の日朝上人像が祀られています。日朝上人はご存じの通り、身延山覚林坊《かくりんぼう》内に御廟所があり、本覚寺も日朝上人ゆかりの寺院ということで、その仏像が祀られることになったわけです。

ところで本覚寺という寺院名がつく寺院は、平成三十年に作成された『日蓮宗名簿』には三十カ寺近くが登録されています。寺院名に付された本覚という意味は、煩悩を次第に破《は》して覚《さと》りに達し仏になるを「始覚《しかく》」というのに対し、心の本《もと》は本来覚りの仏性《ぶっしょう》を具《そな》えているという「本覚」の意味からきています。

日出上人が三島《みしま》から鎌倉へ戻る前、日蓮聖人に教えを乞いたいと考えていると、夢の中に「日蓮聖人に会いたければ伊豆国の宇佐美《うさみ》というところへ行け」と教えられました。そこで宇佐美へ行った日出上人は、鏡澄丸《きょうちょうまる》という若い子供に出会いました。その子は頭脳明晰で、将来性があることを見抜き弟子にしました。この時の子供が日朝上人で、後に「日蓮聖人の生まれ変わり」といわれるような立派な僧侶となりました。日朝上人は日出上人の後を受け鎌倉本覚寺の二世を継承しましたが、まもなく身延山の法主《ほっす》となり、身延山を復興していきます。本覚寺在世時は、身延山から日蓮聖人のご遺骨を分祀《ぶんし》して東身延と称し、関東に住む法華信徒が気軽に参拝できるような寺院としました。ここは身延山より東方面にある中心寺院（末寺《まつじ》）ということで、「東身延」と呼ばれました。現在の本覚寺の山門がある所には、夷堂《えびすどう》と呼ばれる堂宇がありました。この

「東身延山」扁額

堂宇は源頼朝が鎌倉幕府開幕の際、幕府の鬼門にあたる方向の鎮守として建てたといわれ、かつて天台宗の管轄となっていました。文永《ぶんえい》十一年（一二七四）に佐渡配流から戻った日蓮聖人が一時、ここに滞在し辻に出て説法を行ったといいます。

正月は「初えびす」で賑わい、娘が御神酒《おみき》を振舞うといった儀礼が行われています。夷堂には、佐渡配流後の日蓮聖人が松葉ケ谷《まつばがやつ》に代わる住処《すみか》を求めていると、夷神《えびすがみ》の化身《けしん》が日蓮聖人を夷堂に招いて松になって消えたという伝承が伝わっています。

鎌倉における実際の法華霊場巡拝の方法について紹介してみると、『法華霊場記』には鎌倉市域の十六寺院・庵・堂宇と二ヵ所の霊跡が案内され、市内を一周する形で紹介されています。上部に松葉谷《まつばがやつ》霊場やお猿畠《さるばたけ》法性寺《ほっしょうじ》（逗子市《ずしし》）が描かれてい

本覚寺の夷堂
(130)

ます。稲村ヶ崎からは七里ヶ浜～霊山ヶ崎《りょうぜんがさき》～龍口《たつのくち》と記され、法華寺院が四角括弧で目印として記されていて、鎌倉巡拝霊場として法華信徒に紹介されています。

身延山と関西身延妙傳寺のこと

妙傳寺《みょうでんじ》は現在、京都市左京区東大路二条《ひがしおおじにじょう》の一角にあり、伝統ある日蓮宗本山（由緒寺院）です。山号は法鏡山《ほうきょうざん》といい、山内には塔頭《たっちゅう》として五院（妙釈院《みょうしゃくいん》・円立院《えんりゅういん》・龍嶽院《りゅうがくいん》・本光院《ほんこういん》・玉樹院《ぎょくじゅいん》）があります。

かつて天台宗の学徒であった日意《にちい》上人が、京都から身延山へ参詣する信徒の不便さを嘆き、身延山から日蓮聖人のご真骨と鎮守七面大明神を勧請し、文明《ぶんめい》九年（一四七七）

妙傳寺の本堂

一条尻切屋町に創建しました。日蓮聖人のご真骨を勧請したことから「西身延」、「関西身延」と呼ばれています。日意上人はその後、久遠寺に十二世として晋山《しんざん》しています。

妙傳寺は天文《てんぶん》五年（一五三六）に天文法華《てんもん(ぶん)ほっけ》の乱で焼き討ちに遭ったため、一時大阪の堺へ避難しましたが、翌六年に帰洛し、西洞院四条《にしのとういんしじょう》（下京区）に再建されています（現在も妙伝寺町の地名が残っています）。その後、豊臣秀吉の聚楽第《じゅらくだい》造営のために京極《きょうごく》二条（中京区寺町通《てらまちどおり》二条）へ移転するも、宝永《ほうえい》五年（一七〇八）に起きた大火で被災し現在の地に移っています。京都では度重なる天災や兵火のために、市街地を転々とした寺院が少なくありません。

ここで学養寺《がくようじ》のことを説明します。学養寺は応永《おうえい》末（一四二七―八）身延山久遠寺九世成就院日学《にちがく》上人の門人《もんじん》・大乗房日讃《にっさん》上人が開創した寺院で、師の日学上人を開山に仰ぎ、自ら二世となっています。それまで他門流に遅れをとっていた身延門流の関西弘教《ぐきょう》活動を進展させるきっかけとなりました。これにより、関西の身延門流寺院はすべて学養寺の末寺となったわけです。久遠寺十世日延《にちえん》上人も屈請《くっしょう》を受けて百余日間ここに滞在し、日蓮宗の教えを朝廷に諫言《かんげん》しています。同寺は天文法華の乱にて焼失するまでの約百年間、京都二十一本山の一つとして栄えました。永禄《えいろく》元年（一五五八）日像上人建立石塔「七口《ななくち》之《の》題目石」の一つが北野という場所で発掘されました。これを祀るために、本山立本寺《りゅうほんじ》十世日経《にっきょう》上人は近くの馬場の傍に一宇を建て、これを学養寺と称しました（この時、天文法華の乱後の新寺建立は禁止中だったので、学養寺の名で寺を建立したと思われます）。天正《てんしょう》十六年（一五八八）陽成《ようぜい》天皇はこの寺にて一日百灯供養を行い、勅命にて燈明寺《とうみょうじ》

妙傳寺の御真骨堂

（京都市上京区）と改めました。よってこれ以降、学養寺の名は惜しくも消えてしまいました。そこで、日養《にちよう》上人は妙傳寺境内に学養寺を再建したという経緯があります。

妙傳寺は本山であるとともに、かつては身延山久遠寺の末寺でした。したがって妙傳寺の末寺である大阪四カ寺（海宝寺《かいほうじ》・雲雷寺《うんらいじ》・正覚寺《しょうがくじ》・成正寺《じょうしょうじ》）は、久遠寺の孫末寺となるわけです。京都以西の身延山関係の寺院は妙傳寺の支配を受け、間接的には久遠寺支配を受けることになります。いわゆる二重支配の構造ができあがっており、一時期の大阪四カ寺は妙傳寺の支配を受けずに直接久遠寺の配下になる動きを示しています。

天明《てんめい》元年（一七八一）に日蓮聖人五百遠忌が挙行されますが、全国身延山触頭《ふれがしら》寺院を通じて末寺に供物を納めるようにと通達がありました。しかしながら、大阪四カ寺は久遠寺へ供物を納めていませんでした。そこで久遠寺はおかしいと思い確認してみますと、前年妙傳寺に納めていることが告げられました。妙傳寺にこのことを尋ねると、自分の寺院の勧化《かんげ》に夢中になり久遠寺に申し出るのを忘れていた、ということが判明しました。この後、大阪四ヵ寺は直接久遠寺の直末になることを願い出て許可されました。ところが、これより十五～六年を経て、四ヵ寺は元の妙傳寺末寺となっています。これは日蓮宗寺院の本末関係を考える上でたいへん興味深い出来事といえます。

最上稲荷と身延山の稲荷

お稲荷さんというと、食べ物を思い出す人も多いと思います。江戸時代の首都・江戸では、「伊勢屋、稲荷に犬の糞」と川柳に詠われるほど、伊勢屋、稲荷社、犬の糞が多かったといいます。身延山は当然の如く仏教ですが、神様を祀る社《やしろ》や祠《ほこら》が各所にあります。これも神仏習合の名残りでしょうが、日蓮宗では三十番神が勧請され、その中に祀られる稲荷大明神（宇迦之御魂神《うかのみたまのかみ》）は如意輪《にょいりん》観音を本地仏《ほんじぶつ》として、稲束をかついだ形姿《なりすがた》に描かれています。

ここで身延山内の代表的な稲荷社を紹介しましょう。

○琥珀《こはく》稲荷…日廷《にってい》上人は身延山常住坊《じょうじゅうぼう》を創立し、琥珀明珠《みょうじゅ》大菩薩を勧請しています。同社では、国家安全・身延山の安泰・法主猊下《げいか》の身体健全を祈念しています。この甲斐あってか、伏《ふし》見宮家《みのみやけ》の祈願所となっています。

三月二十二日祭典。

○最上《さいじょう》稲荷…志摩坊《しまのぼう》に安置される稲荷です。この稲荷は岡山県にある最上稲荷が総本社となります。最上稲荷妙教寺の伝記によると、報恩大師《ほうおんだいし》が天平勝宝《てんぴょうしょうほう》四年（七五二）に孝謙《こうけん》天皇の病気平癒の勅命を受け、吉備《きび》の龍王山中にある

日本三大稲荷のひとつ最上稲荷妙教寺

(136)

八畳岩で修行して最上位経王大菩薩を感得し、これにより天皇は全快したことから勧請されました。昭和二十六年（一九五一）の宗教法人法の施行に伴い、信徒や有識者の勧めにより妙教寺二十三世の稲荷日宣《にっせん》上人代の昭和二十九年七月、宗教法人最上稲荷教として日蓮宗から独立し、包括法人が組織されました。後に平成二十一年（二〇〇九）七月二十四日、二十六世稲荷日應《にちおう》上人の判断により、傘下の寺院とともに日蓮宗に復帰しました。現在日本三大稲荷のひとつに数えられ、年始めには多くの参拝者で賑わっています。

二月十二日祭典。

○石割《いしわり》稲荷…総門を入って大平橋（極楽橋）を渡ると、すぐ右手に鳥居があります。ここから五分ほど坂道の階段を登ると社殿がみえます。日蓮聖人の身延御入山の折、大きな岩が道を塞いだため困っていましたが、稲荷が現れてその岩を二つに割って日蓮聖人を通しました。以来、石割稲荷として祀られるようになりました。九月一日祭典。

○経八《きょうはち》稲荷…開基堂裏手に祀られる稲荷で、法華経八巻を勧請する稲荷ということからこの名がきています。

○妙翁《みょうおう》稲荷…山本坊《やまもとぼう》が管理している捜し物にまつわる稲荷で、何かを無くした時に参拝し、祈りを捧げる人が多いといいます。三月七日祭典。

○瘡守《かさもり》稲荷…上の山延寿坊《えんじゅぼう》の跡地にあり、腫《は》れ物にご利益がある稲荷として近隣の人が参詣します。

○願満稲荷…妙石坊から追分《おいわけ》へ行く途中にあります。日蓮聖人がここで足を洗っ

総門付近にある石割稲荷

たと伝えられる場所です。

四月二十二日祭典。

○常護《じょうご》稲荷…思親閣《ししんかく》境内にあり、奥之院参詣者を守護する菩薩として祀られています。日蓮聖人は身延在山中に故郷の両親を偲ぶために、度々奥之院思親閣に登りました。その山中で聖人を常に護持した霊狐《れいこ》が常護菩薩であったといいます。その分霊は法華寺（東京都墨田区）の屋敷神《やしきがみ》となっています。

本山龍口寺（藤沢市）の話ですが、本堂に向かって左に建つ稲荷堂に正一《しょういつ》経八稲荷（文殊《もんじゅ》稲荷大善神）が祀られています。この稲荷は日蓮聖人が龍口法難に遇われた折に聖人の安全を祈った稲荷と伝えられています。

また、横須賀市龍本寺境内にも変わった稲荷が祀られています。それは、日蓮聖人がお籠《こも》りされた岩窟内にある願満稲荷（お穴《あな》さま）です。同寺本堂には鮑《あわび》の祖師や角なし栄螺《さざえ》が安置されています。

このように、身延山内随所や各地に祀られる稲荷のほとんどは、法華経によって勧請された法華の稲荷といわれるものです。これらの稲荷のルーツを探ると、日蓮聖人との関わりや最上稲荷を根源とするものが多いことがわかります。

六、信仰伝承と法華信徒

「霊山の契」のルーツ

身延山久遠寺に一日奉仕する祖廟輪番《そびょうりんばん》奉仕の儀礼に参加（出仕）すると、身延山から「霊山《りょうぜん》の契《ちぎり》」というお守りをいただきます。

身延山における輪番奉仕の起源は、日蓮聖人と六老僧の時代に遡ります。日蓮聖人滅後に、弟子たちが聖人の御廟を一月から十二月までの一ヵ月ごとに順番を決めて守るというものです。この伝統を受け継ぎ、日蓮宗寺院単位で身延山に一日奉仕し、日蓮聖人に給仕の誠を捧げるわけです。この輪番奉仕の儀礼の折に、奉仕者一人ひとりにこの契りが授与されます。

輪番奉仕を経験した信徒が亡くなられた時に「霊山の契」を棺桶に入れることがありますが、これは霊山浄土

霊山の契

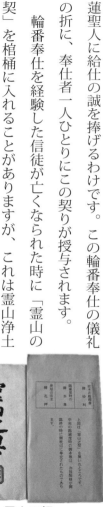

への旅が無事に行われるように祈るためです。この契りは封印されていますので中を見るわけにはいきませんが、何がその中に入っているのか、信仰上大事なことですので、ここでお話しさせていただきます。

契りのお守りの中には、日蓮聖人がご入滅される折に枕辺《まくらべ》に掲げられた「臨滅度時《りんめつどじ》の御本尊」といわれる文字曼荼羅、日蓮聖人のご遺文となる「波木井殿御書《はきいどのごしょ》」、現法《ほっ》主《す》である九十二世内野日総猊下《にっそうげいか》の「花押《かおう》」、といった三点のものが印刷されています。

これは、時の身延山の法主猊下から頂戴するものであり、信徒が霊山浄土に渡る折に契りとなる大事なものです。輪番奉仕の僧侶も、その奉仕日は法主猊下の代わりとして日蓮聖人の御廟を守るわけです。この「霊山の契」に関わる出来事が、新潟県角田浜《かくだ(た)はま》の妙光寺に伝えられており、「霊山契約の御判《ごはん》」といわれるものです。日蓮聖人の佐渡流罪に際して、鎌倉から日蓮聖人を護送してきた役人に遠藤左衛門尉正遠《さえもんのじょうまさとお》という人がいます。聖人は佐渡での三年余の流罪生活を終え赦免となりますが、聖人が鎌倉に戻られる頃には既に信徒となっていました。正遠は高齢と病気を理由に佐渡に残ることになりました。日蓮聖人は自ら刻んだ「御判（印鑑）」と手紙を正遠に贈り、霊山浄土における再会を約束されました（『遠藤左衛門尉御書』定遺二一〇二頁）。

遠藤一族は、承徳《じょうとく》二年（一二二一）順徳天皇が佐渡配流《はいる》の折、佐渡に渡った遠藤為盛《ためもり》と縁があるといわれ、阿仏房《あぶつぼう》と兄弟であったという俗説もあります。時代が下り、正遠子孫は角田浜の隣村に移住します。正遠のことを聞きつけた妙光寺の檀徒は、正遠の所持する「御判」を「霊山契約の御判」として崇め、日蓮聖人の手紙の写しに押し、霊山往詣《おうけい》の折に持たせるようにしました。この判は「御判さま」と呼ばれ

霊山契約御宝印

て大事にされ、妙光寺では毎年四月二十九日に開帳し、一般の信徒に披露しています。

妙光寺は日蓮聖人ゆかりの寺院であるとともに、北陸地域における身延山といわれて信仰されています。同寺は日本海に少し突き出た角田岬《みさき》という岬から約一㎞の地にあり、ここに夕日が沈む時は観音信仰にみられる浄土世界のようであるといいます。

一方、妙光寺の存在している環境は身延山の環境に酷似しているといわれます。小川住職の話によると、かつて北海道や東北地方に住む法華信徒が当地を訪れ、お参りしたそうです。まさに、北陸地域における「身延山うつし霊場」として存在していたわけです。新潟地方に伝わる「霊山の契」

妙光寺山門より本堂を望む

にまつわる伝承は、身延山との深いつながりがあることを教えてくれます。

【角田山妙光寺】新潟県新潟市西蒲区《にしかんく》角田浜一〇五六番地。

安穏廟《あんのんびょう》という永代供養墓があることで知られている寺院です。毎年四月二十九日には「霊山契約の御判」が開帳されます。

高座説教のルーツ

日蓮宗では、高座説教が江戸時代から明治時代にかけて盛んとなり、各地で布教師により説教節《せっきょうぶし》が語られます。現在も身延山朝勤の後、祖師堂の高座において朝説《ちょうせつ》(晨朝説教《しんちょう》)が行われています。山内では、十月十二日の日蓮聖人のお逮夜《たいや》(忌日前夜)や九月十八日の七面山大祭の前日に通夜《つや》説教が行われ、日蓮聖人の誕生から入滅までの場面が数人の説教師によって語られます。高座は基本的に木製で、その回りを金襴《きんらん》の高座掛で覆い、高座上に経箱、金丸《かなまる》、科註箱《かちゅうばこ》などの説教道具を置きます。説教師は柄香炉《えごうろ》を持ち、侍者は科註箱を持って入場します。堂内に勧請《かんじょう》される御本尊に礼拝《らいはい》（又は焼香）し、登高座する高座の雰囲気は江戸時代の高僧画像によく画かれます。

　説教師の高座における主な所作は、日蓮宗布教院の儀礼で次のように決まっています。

　登高座、①一拝《いっぱい》（拝礼《はいれい》）、②開経、③中啓《ちゅうけい》、④書物（ご遺文）、⑤焼香、⑥散華《さんげ》、⑦願文《がんもん》、⑧経文（法華経訓読）、⑨讃文《さんもん》、⑩唱題、⑪説前回向《えこう》、⑫祖書、⑬讃歎文《さんだんもん》、⑭呑茶《とんちゃ》、⑮談義、⑯中回向・諷誦文《ふじゅもん》、⑰祖伝、⑱説後回向、⑲宝塔偈《ほうとうげ》、高座下壇

高座に坐り龍女を教化している場面

この説教の所作は江戸時代の祖師信仰の高まりとともに成立し、日蓮宗独特のものとして継承されてきました。この伝統ある高座形式を体得するために「日蓮宗布教院」が年に一回開催され、繰《く》り弁《べん》等の布教法が伝授されています。期間は十五日間で、この修行を五回積んで試験に合格すると布教院卒業となり、各地で日蓮宗の専任布教師として活躍することになります。節をつけて日蓮聖人や先師の伝記を繰り弁で語る説教は、聴衆を引き付けるのに都合がよく、「四条訣別《しじょうけつべつ》の弁」「土壇場《どたんば》の弁」「行会川《ゆきあいがわ》の弁」といった日蓮聖人伝における劇的な場面がよく取り上げられ、独特の節に抑揚をつけた調子で語られます。身延山内にまつわる題材として、「雫《しずく》の桜の弁」があります。それぞれの弁には「語り」がありますが、「四条訣別の弁」を例にとると「文永《ぶんえい》八年九月十二日吾祖《わがそ》日蓮大聖人裸馬《はだかうま》に召させ給《たま》い、鎌倉の大町小《おおまちこ》町《まち》雪の下、大路小路《おおじこうじ》引き廻し、御霊《ごりょう》の社《やしろ》の前に御馬《みま》がかゝらせ給《たも》う」といった文章で始まります。いわゆる内容は「語り」「話」「道ゆき」の組合わせで構成されており、その中でも「語り」と「話」が主となっています。「道ゆき」は一種の「うた」であり、話の最後に聴衆に感動を与える手段として使われます。そして説教師は、「お馬がシャンと止まった」という場面で両手を使ってジェスチャーしたり、手に持つ錫《しゃく》を馬の走る音に見立てて机を打ち、効果音（擬似音）を使って説教を次第に盛り上げていきます。現在も千葉県勝浦地方では、大阪の百部・金沢の千部と並び高座説教の三大檜舞台《ひのきぶたい》の一つに数えられる「上総五十座《かずさごじゅうざ》」が継承されています。『日蓮宗事典』によれば、天文《てんぶん》十年（一五五〇）池上本門寺十一世日現《にちげん》上人が祖師堂の復興、妙法広布のために勝浦本行寺で二百余日の布教を行い、後にその遺志を継いだ日惺《にっせい》上人が再び、本行寺で一日一座で五十日間行ったのが説教の初見とされています。現在の五十座は、勝浦市内の七ヵ寺が輪番で一週間行っています。

身延山大学では、日蓮宗の僧侶養成のために実践的な授業を取り入れています。説教に関する科目では話術や説教原稿の作成を指導していますが、実際の現場を体験するために、毎年七面山大祭で行われる通夜説教に出向いています。これは伝統ある高座説教の継承者を育成するために行っているものです。

蒙古退治の旗曼荼羅

身延山の宝蔵（身延文庫）には旗曼荼羅という大幅の御宝物が所蔵されています。この曼荼羅の由来等について現在知りうる主な資料を挙げると、次のようなものがあります。

①縁起…「日蓮聖人蒙古調伏《ちょうぶく》大旗曼荼羅の由来」
②浮世絵…「上人利益《りやく》蒙古軍敗北」（歌川国芳《うたがわくによし》十枚組『高祖御一代略図』）
③木版刷…「蒙古退治旗曼荼羅図」（身延久遠寺三十三世日亨《にちこう》上人開眼《かいげん》）

④日蓮聖人伝記…『日蓮上人一代図会《ずえ》』所収　中村経年《なかむらけいねん》（松亭金水《しょうていきんすい》）著

⑤歌題目…旗曼荼羅の顕彰に「蒙古の怨敵《おんてき》退治されけり」

拙著『御宝物で知る身延山の歴史』（日蓮宗新聞社）で旗曼荼羅と祈祷について紹介していますが、ここでも旗曼荼羅のいわれや伝承について紹介してみたいと思います。

身延山の宝蔵には、日蓮聖人筆と伝えられる月の旗曼荼羅が伝来していますが、月と対になる日の旗曼荼羅は押上《おしあげ》最教寺（昭和四十年に八王子市へ移転）に護持されています。これは『江戸名所図会』最教寺の頁に図入りで紹介されています。

①の由来によると「弘安《こうあん》四年、中国大陸に住む蒙古族が日本に来襲した時、

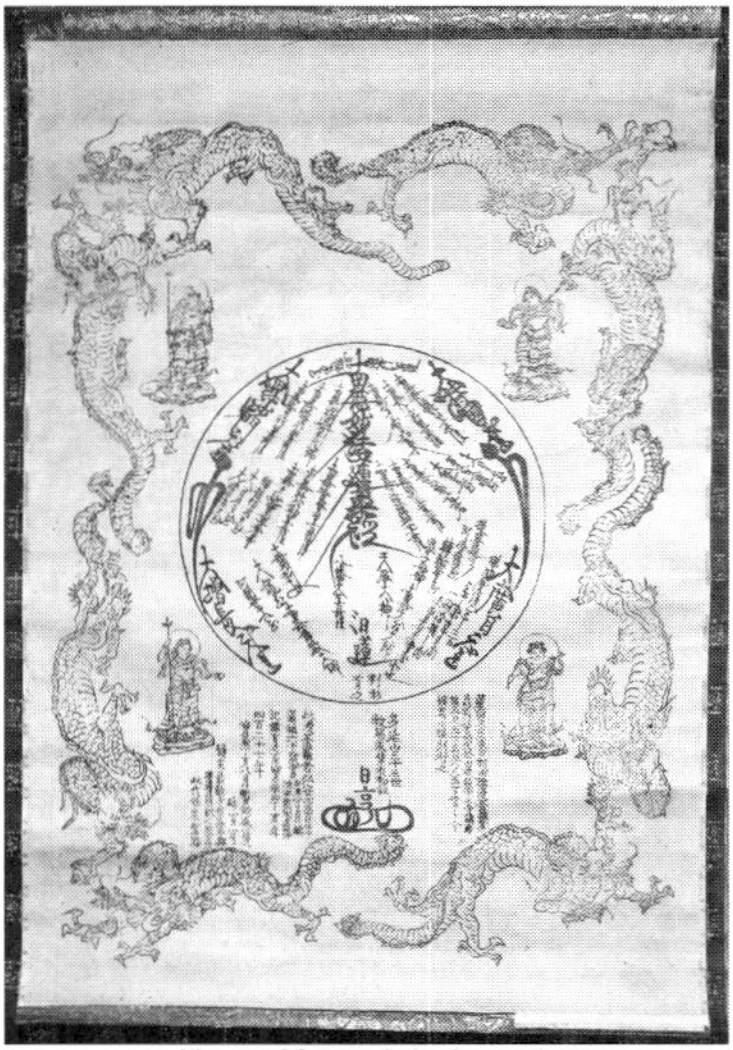
旗曼荼羅（木版刷）

身延に住んでいた日蓮聖人が大曼荼羅を染筆され、惟康《これやす》親王（鎌倉幕府第七代征夷大将軍）に奉じ、それが蒙古調伏のために下向《げこう》する宇都宮貞綱《うつのみやさだつな》に授けられ、代々宇都宮家に護持されている」と伝えられている曼荼羅です。嘉永《かえい》七年（一八五四）八月、六十七世日楹《にちえい》上人が京都参内の折に持参した御宝物のなかに日蓮聖人筆といわれる「天拝《てんぱい》旗曼荼羅」が含まれていることから、霊験ある御宝物として法華信徒に礼拝されていたようです。また、「蒙古退治の御旗《みはた》曼荼羅」として身延山の江戸出《で》開帳《がいちょう》の折に宿寺《しゅくじ》・深川浄心寺に出陳され、参詣者に礼拝されていました。

②「上人利益蒙古軍敗北」は、文永十一年（一二七四）と弘安四年（一二八一）の二度にわたって、蒙古が日本を攻めてきた様子を記した浮世絵です。蒙古軍は長崎県の対《つ》馬《しま》・壱岐《いき》に侵入し、島の人々を悉《ことごと》く殺害。ついに九州の筑前《ちくぜん》・肥前《ひぜん》から九州本土に上陸を果たし、各地を襲撃しました。この絵は十枚組の内のひとつですが、日蓮聖人が認《したた》め

たと伝えられる「旗曼荼羅」が絵の中にはためいている中で、兵士たちの応戦する様子を如実に画いています。

日蓮聖人伝記はその生涯を知るため、聖人滅後に記されることになりましたが、現在いくつもの伝記本が伝来しています。その中で、幕末期の安政《あんせい》五年（一八五八）中村経年によって記された『日蓮上人一代図会』の冊子本を開いてみると、蒙古襲来に関してかなりの頁数が割かれて挿絵入りで説明されています。蒙古は国号を元《げん》と改め、度重なる使いを日本に送りましたが、執権の北条時《とき》宗《むね》が黙殺を続けると、ついに文永十一年（一二七四）十月、蒙古軍二万、高麗《こうらい》軍数千の軍勢が九百艘《そう》の大船で対馬・壱岐を襲っています。明治時代に入ると福岡の地に巨大な日蓮聖人銅像が造立され、その側に元寇史料館が建立（明治三十七年）されてい

神風蒙古退治（身延文庫蔵）

ます。この地は、最初に元軍が攻めてきた文永の役の戦場跡で、史料館には元寇の際に元軍が使用した武器などの資料が陳列されています。銅像の高さは二十三mで、台座には矢田一嘯《やだいっしょう》画伯による日蓮聖人の事跡を画いたレリーフが嵌《は》め込まれています。

堀内良平翁と身延鉄道

翁《おきな》の生涯を略記してみます。実家は名主《なぬし》で、明治三年（一八七〇）山梨県八代郡《やつしろぐん》上黒駒村《かみくろこまむら》（現・笛吹市御坂町《ふえふきしみさかちょう》）に誕生しました。東京法学院（現・中央大学）で学び、明治十二年（一八七九）郡会議員を経て、同四十年（一九〇七）山梨県議会議員となりました。小野金六《きんろく》とともに富士身延鉄道（現・JR身延線）を創設し、さらに富士山麓《さんろく》電気鉄道を創設して良平翁《りょうへいおう》は社長となりました。大正七年（一九一八）に東京市街自動車を創立して専務取締役となり、昭和五年（一九三〇）山梨県から衆議院議員に当選（当選三回・立憲民政党）しました。翁の孫にあたる光雄《みつお》氏は、田舎の私鉄に過ぎなかった富士山麓電気鉄道（通称・麓鉄《ろくてつ》）を富士急行（通称・富士急）に躍進させた人です。かつては身延山参与《さんよ》として久遠寺の要職を務めていました。

財団法人堀内浩庵会《こうあんかい》（理事長・堀内光一郎《こういちろう》氏）という、富士山麓一帯にわたり地域社会の公益と文化の向上発展ために設立された財団法人があります。この財団は、富士五湖地方開拓の先駆者であった良平翁（号・浩庵）の遺志を継承し、郷土山梨に奉仕する諸事業を行うため、昭和三十年（一九五五）に設立されたものです。また、自然環境保護活動を通じ、富士山麓一帯に生息する鳥類に住みよい環境をつくるため、野鳥の巣箱の設置、鳥の食べる木の植樹を実施し、環境保護・育成に努めています。

また、富士北麓地方の居住者で同地方に所在する中学校より、原則として同地方に所在する公立高等学校へ進学しようとする者で、学業、人物ともに特に優秀かつ健康であって、学校長の推薦のある者に奨学金を給付しています。高校奨学生でさらに優秀な者へ独自の奨学金を給付しています。

身延駅の裏手にある丸山公園に行くと、身延鉄道の記念塔があります。この塔は身延線創設五十周年の昭和三十八年に建てられたものです。塔の下部は富士身延鉄道創設の功労者六人（小野金六、根津嘉一郎《ねづかいちろう》、堀内良平、河西豊太郎《かさいとよたろう》、小泉日慈《にちじ》、小野耕一）のブロンズ像が嵌め込まれています。「富士身延鉄道株式会社」は明治四十四年（一九一一）に資本金四万円で設立発足し、小野金六が代表発起人となっています。静岡県富士宮市より甲府市までの鉄道敷設の認可を得、また富士鉄道を買収したことにより、大正元年（一九一二）には富士〜富士

堀内良平顕彰碑

宮間が許可され、翌二年に着工しました。敷設については、鉄道会社として富士川西岸、現在の国道に沿ったコースを計画しましたが、地主の猛反対にあい、やむを得ず富士川東岸の山沿いコースに変更されました。難工事の末、大正七年（一九一八）にようやく芝川より先の十島《とおしま》～内船《うつぶな》間が完成。同八年に内船～甲斐大島間が、同九年に甲斐大島～身延間が開通し、ここに富士～身延間の鉄道が開通したわけです。しかし開通はしたものの、駅員の確保・乗客の確保に苦しみ、経営はいつも火の車であったといいます。鉄道会社は身延山参拝の便をはかって、従来渡船によっていた身延～大野間の富士川に大正十二年（一九二三）身延橋を建設しました。この橋

絵葉書（静岡市妙栄寺蔵）

は〝東洋一の吊り橋〟と称されましたが、往復通行料が徴収されたので評判が悪く、これが当時の「名物」となってしまいました。しばらく停頓《ていとん》していた身延〜甲府間は大正十四年（一九二五）に着工され、昭和二年（一九二七）に市川大門《いちかわだいもん》まで、同三年（一九二八）には甲府まで全線開通し、これで東海道と甲州街道を結ぶ路線が完成したことになります。昭和二年には身延まで電化され、輸送力も増強しました。

良平翁が身延山発展のために果たした役割は甚大で、寺平《てらだいら》には墓所とともに顕彰碑が建立されています。

御真骨堂と法華信徒

仏殿《ぶつでん》（位牌堂）の西側にある御真骨堂《ごしんこつどう》は、日蓮聖人の御遺骨を奉安するところから、身延山のなかでは重要な伽藍《がらん》であり、一般の日蓮宗寺院にはない堂宇といえます。

この堂宇の歴史を紐解く信仰を介した話がいくつか伝えられています。今回は長崎県内にある久本寺《くほんじ》と身延山との信仰を介したお話しを紹介させていただきます。

長崎市神浦《こうのうら》地域には浄土真宗光照寺が建立されており、日蓮宗寺院はありませんでした。文久《ぶんきゅう》三年（一八六三）神浦の漁師が出漁の折、風が吹いて海難事故が起こり、多くの人が亡くなってしまいした。ところが、不思議にも法華経を信仰していた人は全員助かったといいます。これは法華経の功徳ということで、彼らは熊本の清正公《せいしょうこう》（本妙寺）に参拝し、その御宝前《ごほうぜん》で日蓮宗に改宗した人も多かったといいます。

明治五年（一八七二）に光照寺から二百八十戸が改宗し、翌六年に堀日正《にっしょう》上人を主任として迎えて浜辺に教会が設立され、「日宗会」と名付けられました。その

御真骨堂

後寺院建立の話が持ち上がり、長崎市万屋町《よろずやまち》に住む吉田権八、栄町に住む岡本清七に掛け合い、賛同を得たということです。

明治十一年（一八七八）身延山参拝の折、吉田・岡本両氏とともに、神浦信徒十一名（松井彦治・宮崎嘉八・松本四郎・浜田熊蔵・山尾綱蔵・同サキ・中尾好蔵・永山ナツ・川本嘉次・坂口常四郎・小谷常吉）が同行しました。その時に、岡本氏は久遠寺御真骨堂に唐木《からき》七宝天蓋《しっぽうてんがい》を寄進しました。これについては、「身延山諸堂再々建立記」で次のように記されています。

真骨の宝塔　仏天蓋

木品天竺、織物唐土、玉物阿蘭陀

長崎長照寺講中

明治九年二月発願同十一年第四　成就依而同年五月廿八日奉掛同　九日供養ナリ

世話人　岡本清七（他七名略）

これより、長崎市長照寺講中の世話人であった岡本氏が天蓋を寄進したことを知ることができます。さらに、この丹誠によって、当時の法主七十八世日良《にちりょう》上人より日蓮聖人像を拝受したことが、久本寺に伝わる賞状からうかがい知ることができます。この像は現在久本寺に奉安されていますが、像高一ｍある立派な聖人像です。その他にも久本寺は、明治十六年（一八八三）に「事常山《じじょうさん》久本寺」という山号・寺号を公称することができました。堂宇は明治二十五年（一八九二）に完成しましたが、同二十四年に身延山覚林坊《かくりんぼう》の朝師堂《ちょうしどう》に祀られる十一世日朝《にっちょう》上人の全骨宝龕《ほうがん》や天蓋一基の寄進により、日朝上人尊像と日朝上人の分骨三片が授与されたとい

久本寺の祖師像

うことです。覚林坊三十四世日寿《にちじゅ》上人からの譲与書がそのことを物語っています。

これまでみてきたように、身延山は全国津々浦々に住む法華信徒の丹誠によって築き上げられた「信仰の山」であることがわかります。身延山は日蓮聖人滅後、弟子・信徒によって守られ、江戸時代の本末制度が施行されると日蓮宗の総本山と位置づけられました。以降、聖人の御真骨が祀られる霊山として法華信徒に知られるようになり、名実ともに全国各地の法華信徒が崇拝する根本霊場となったのです。

【久本寺】長崎県長崎市神浦江川町《こうのうらえがわまち》一三一〇番地

※寺史については「久本寺沿革」を参考にさせていただきました。

日蓮聖人と石にまつわる話

日本仏教の宗派の開祖・戦国武将・著名人等にまつわる石が全国各地に点在しま

す。身延山においても妙石坊の高座石《こうざせき》、石割稲荷《いしわりいなり》の割石《わりいし》、七面山奥之院の影向石《ようごうせき》、日蓮聖人腰掛石《こしかけいし》といった石があります。他にも、日蓮聖人が小室山にて石を持ち上げるか下ろすかで善智法印《ぜんちほういん》と対論した「法論石」があります。これらの石と日蓮聖人にまつわる伝説や石に対する信仰について、少し紹介してみたいと思います。

身延山では妙石坊の高座石にまつわる伝承があり、日蓮聖人と七面大明神示現《じげん》の話は特に有名です。その他にも、高座石にまつわる伝説が長野県にも伝えられています。文永十一年（一二七四）三月、身延の草庵ができるまでの一ヵ月間、甲斐逸見筋《へみすじ》から武川筋《むかわすじ》の村々（現・北杜市《ほくとし》）を巡錫《じゅんしゃく》し、下蔦木《しもつたき》（長野県富士見町）に立ち寄りました。この地域に巨石（高さ二ｍ・周囲十ｍ）があります。伝承によると、悪疫《あくえき》が流行した折、日蓮聖人がこの岩の上で三日三晩説法を行い人々を救ったといいます。そこで村人はすべて聖人に帰依し、真言宗の寺であった真福寺の住職も教化《きょうけ》されて名を日誘《にちゆう》と改め、寺ごと日蓮宗に改宗したといいます。また、聖人が地面に挿した杖から蔦《つた》の芽が生えて岩を覆うようになったということです。その後、日誘上人はこの高座石の傍らに堂宇を建立しました。そこで、現在はこの石の上に日蓮聖人の石像を祀った祠《ほこら》が安置され、その周囲には玉垣が施されて礼拝の対象となっています。

日蓮聖人の門弟や継承者にも、石にまつわる話が伝えられています。京都に日蓮宗を弘めた日像上人の説法石（京都府向日市《むこうし》）があります。これは向日神社の大鳥居南側にある大きな石で、京都で日蓮宗の布教活動を禁止された日像上人が徳治《とくじ》二年（一三〇七）頃、この石の上に座り街道を行き交う人々に説法をしたと伝えられているものです。

身延山奥之院参詣道途中にも日朝上人腰掛石があり、登詣の途中に休まれた石として顕彰されています。また、日親《にっしん》上人の説法石（大阪府堺市本成寺内）といわれる石があります。これは、日親上人が堺の浜辺で説法された時に座った石といわれています。老婆が歯の痛みに耐えかねて、この説法石を撫でて頬をこすりつけると痛みがなくなったといいますから不思議なもです。よって、この石は後世に「はがみ石」と名前がつけられました。一方「腰掛石」とは、神や仏教の開祖といった人が腰を掛けて休んだと伝えられる石で、信仰上有り難いものとして、石自体が信仰対象となっています。例えば、親鸞《しんらん》上人（浄土真宗開祖）の腰掛石があり、これは上人が布教のために尾張知多郡《ちたぐん》から同国蟹江《かにえ》に渡り、その途次に腰掛けられた石です。他にも、菅原道真公（菅公《かんこう》）腰掛石・源義経の腰掛石といった石が有名で、いずれもこの上で腰を掛けてひと休みした石で、特に菅公のものは石に触ると学業成就のご利益があるといわれています。

総門付近にある日蓮聖人腰掛石

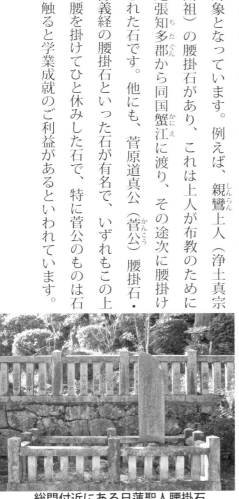

他にも、「日蓮聖人赦免石《しゃめんせき》」といわれる石が佐渡にあります。これは、日蓮聖人の佐渡流罪が赦免になったことに由縁する石です。文永十一年（一二七四）二月十四日、鎌倉幕府の下知状《げちじょう》によって三月七日に弟子の日朗上人が佐渡に渡りましたが、その通達を受けた時に腰掛けられた石といわれています。ちなみに、本光寺には身延山三十六世日潮《にっちょう》上人の揮毫《きごう》した「赦免石」という書が軸装になって祀られています。なお、この石は地元では開運石と呼ばれ、縁起がよい石として信仰されています。

読者の皆様方の近くにも「○○石」といわれて信仰対象となっている石があるかもしれません。もし、そのような不思議な石がありましたら調べてみましょう。

七、身延山について調べる

身延山大学附属図書館に行く

身延山のことを知るには身延山内を散策することが一番ですが、時には文献や書籍を紐解いていくことが必要となります。『身延山史』や『身延山史年表』が身延山の歴史を知る最適の書物ですが、こうした身延山に関する文献を多く所蔵している施設に身延山大学附属図書館があります。名称の通り大学附属の図書館ですので、身延山大学の校内にあります。よって、大学に在籍する学生だけが利用する図書館と思われがちですが、どなたでも利用できます。特に身延山のことを調べるのに格好の図書館です。在学生はもとより、日蓮聖人の教学・日蓮教団史・仏教学・仏教福

身延山大学附属図書館

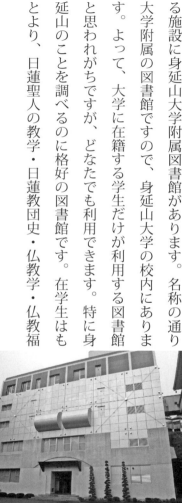

社等について研究する学外の方が多く来館しています。そこで、身延のことをもっと知りたい時は大学附属図書館に行くことをお奨めします。

図書の調べ方がわからなければ図書館内には司書が在籍しています。何を調べたいのか、そして図書館の利用方法がわからない場合等、一階の窓口（カウンター）にお越しください。そこで、図書館内にある文献の簡単な調べ方をお教えします。調べたい本の書名・著名（編者名）が予めわかっていたら、図書館内に設置されている検索用のパソコンに向かい、蔵書検索を行います。調べたい文字を入力し、それがヒットしたら図書番号やその他必要事項を図書閲覧カードに記し、窓口（カウンター）に提出します。従来行われていた図書カードを引いての蔵書検索はありませんので、検索方法がわからなければ窓口へ気軽にお尋ねください。

図書館内の一階と二階は、入館者が図書を手にとって直接見ることのできる場所です。自ら館内を歩いて調べたい図書を探してください。一階は主に辞書類、二階は専門書・新聞・雑誌が置かれており、書籍は人文科学・社会科学・自然科学といった分野により分類され、本棚に整理して並べられています。三階と四階は閉架《へいか》図書となっていますので、来館者が直接本を見ることができません。しかし、図書館が所蔵しているものであれば、閲覧希望を出すことにより手にとって見ることができます（貴重図書等、一部閲覧できないものもあります）。図書館閲覧者の見えない部分（三階、四階）にお探しの文献があることも多いです。よって、パソコンの蔵書検索で閲覧希望図書を確認してください。また、図書館に足を運ばなくてもインターネットを通じて身延山大学附属図書館のホームページを開いていただけば、蔵書検索が利用できます。他にも相互貸借といったサービスを通して、皆様方がお住まいになっている近くの図書館から身延山大学の所蔵する図書を借りることもできます。

身延山大学附属図書館の収蔵資料の中には、日蓮聖人や仏教に関する貴重書も多く、新刊は図書館内のコーナーにまとめて展覧しています。現在の身延山大学の前身となる西谷檀林に所蔵されていたテキスト・参考書類、日蓮聖人の伝記、仏画、典籍といったものも収蔵され、大学に在籍する学生の教育や研究に必要なものは新たに購入しています。図書館内に所蔵する古文献を含めた図書は館内のパソコンを通じて検索できますので、古い文献資料も是非ご活用願います。身延山御来山の折には、身延山大学に一歩足を進めて附属図書館に是非お立ち寄りください。日蓮宗に関する分野では、他の図書館に決して引けを取りません。学園の同窓生や全国日蓮宗寺院のご協力により、各地の日蓮宗寺院に関する出版物を寄贈していただいていることは有り難いことです。ご利用の際には、開館時間が決まっていますのでご注意ください。基本的には、午前九時三十分～午後六時です。大学附属図書館という性格から、通常は大学の授業がある日の開館のため、土日はほとんど閉館となります。ただし、土日でも授業があり開館している日がありますので、ご遠方からお越しの場合は予め図書館にお問い合わせください（電話〇五五六－六二－九五〇七）。

身延山に関する文献を調べる

前回に続き、読者の皆さんが図書館で身延山の歴史や文献について調べる方法について紹介してみます。

身延山大学附属図書館に入ると、日蓮聖人の生涯や教義・日蓮宗の歴史・仏教の教義・仏教史・仏教文化・宗教一般に関する本がそれぞれ区別され、配架されています。一般の図書館と同じく、十進分類法によって書籍が並べられていますが、その中でも身延山・七面山・奥之院に関する本は特に充実しています。

それでは、図書館における身延山に関する調べ学習の方法について具体的に記してみましょう。

○身延山の歴史について調べる

『身延山史』はもとより『山梨県史』通史編・資料編が完結しています。身延山に関わる内容もありますので、古代・中世・近世・近代といった時代別に調べていきます。

図書館内の配架図書

○身延山の建造物について調べる

『身延山諸堂建立記』『身延山再建諸堂記』があり、山内の建造物の由緒等がそこに記されています。これは身延文庫の蔵書ですが、身延山大学の研究誌に翻刻《ほんこく》（解読）紹介されています。

○久遠寺の歴代上人について調べる

「身延山歴代略譜」（研究誌に翻刻紹介）があり、身延山の歴代上人ごとに、その生涯や事蹟が書き上げられています。

他にも、平成十六年に身延町教育委員会から『身延山久遠寺史料調査報告書』が刊行されました。これは身延山のことを深く知るには必読の資料集です。古文書・典籍・絵画・彫刻・金石文《きんせきぶん》といった分野に区別され、所蔵先別（久遠寺・支院・奥之院・七面山）に紹介されいて、今まで知られていない御宝物《ごほうもつ》や仏像の銘文が紹介されています。身延山研究者にとってはありがたい書物といえます。また、身延山大学から『知恩報恩《ちおんほうおん》』といった身延山大学の歴史、『宝塔涌現《ほうとうゆげん》　身延山五重塔の復元』といった五重塔に関する書物が刊行され、大学や五重塔のことを知るには最適の文献となります。

これらの紹介した文献はあくまで参考例で、その他にもいろいろな角度から調べることができます。筆者も①身延山の歴史を身延山所蔵の御宝物から探った『御宝物で知る身山の歴史』、②身延山内を九ヵ所に区分して、それぞれの場所を紹介した『身延山を歩く』、③全国各地から身延山へ参詣する道を紹介した『身延山参道を歩く』といった書物を刊行していますので是非ご覧ください。

※紹介した本の出版社、刊行年等といった書誌情報は紙面の関係で掲載していませんが、書誌情報や本に関することなら大学附属図書館に気軽にお問い合わせください。

図書館からのお願いですが、日蓮宗関係の文献を蒐集《しゅうしゅう》しています。全国各地の寺院の紹介パンフレット、縁起・記念出版といった刊行物を日蓮宗関係資料として登録しています。これは学生の卒業論文や日蓮宗のことを知りたい人の調べ学習に供するためです。よって、身延山や仏教に関する書物をお持ちでしたら、何卒身延山大学附属図書館に寄贈していただければ有り難く存じます。ご自宅に現在使用しなくなった仏教関係図書や蔵・書庫に眠っている寺院資料がありましたら、ご寄贈いただきたく存じます。最近は、遠忌《おんき》や記念行事の際に出されるＤＶＤ・ビデオといった映像資料や声明《しょうみょう》・法話・経典のＣＤといった視聴覚資料も蒐集しています。そして、福祉施設や幼稚園・保育園を経営している寺院がありましたら、関係する出版物をご寄贈願います。仏教と福祉は深い関係があります。よって、福祉関係図書、特に仏教福祉に関する図書や資料が必要ですので、併せてご協力をお願いする次第です。〝日蓮宗関係の文献は身延山大学附属図書館に行けば閲覧することができる〟といった図書館創りを心掛けています。なお、お越しになったことがない方も是非一度足をお運びください。

身延山宝物館に行く

身延山に関する文献を調べるには、身延山大学附属図書館に行って所蔵される文献を閲覧することをお奨めしましたが、ここでは身延山の歴史や文化に関わる資料

（史料）を実際に自分の目で確かめる方法をお話ししましょう。

身延山のことを深く知るには、まず身延山の文化財、特に国・県・町村に指定された文化財を研究することが必要です。皆さんも博物館や美術館に行って展示資料を見学する機会があると思いますが、実際の資料を読み解くことによってわかることが多々あります。身延山内には、国の登録有形文化財に指定された建造物や地元身延町の文化財に指定された建造物・史跡があります。これらは山内を歩くことによって実地見聞できます。しかしながら、絵画・典籍・彫刻・古文書といったものの多くは宝蔵に収蔵されていますし、仏像は厨子《ずし》の中に入って奉安されているため、すぐに見られない場合があります。

よって、身延山を訪れたからといって直接見られるものは限りがありますが、大本堂地下にある宝物館に行くと拝観できるものがあります。宝物館では、身延山に関する御宝物を随時展示しているからです。寺院を参拝すると、その寺院が所蔵する御宝物（寺《じ》宝《ほう》）を展示している「宝物殿」「霊宝殿《れいほうでん》」といった名称の施設があります。特に本山級の寺院には、寺院の由緒や伝統を知ってもらうための展示室があり、そこに赴いて御宝物を拝することが、その寺院を理解するための早道といえます。

江戸期から明治期にかけて、神仏の開帳の折には、寺内に安置される仏像とともに伝統ある御宝物も展覧されました。身延山の奥之院祖師・古仏堂祖師の江戸出開帳《でがいちょう》の折にも、身延伝来の曼荼羅本尊・絵画・仏像類が展覧され、開帳を受けた信徒の信仰増進に一役買っていました。

宝物館は身延山開創以来の歴史や文化を知ることができる御宝物を展覧し、時には特別展や企画展を開催して身延山を深く知るための展示活動を行っています。身延山の所蔵する御宝物は、すべて「身延文庫」の御宝物ということで護持・管理さ

身延山宝蔵（東蔵・西蔵）

れています。この御宝物の数々を収蔵する施設が身延文庫というわけです。現在は東蔵・西蔵といった宝蔵が存在し、東蔵には本尊・絵画・書・棟札《むなふだ》・什器《じゅうき》・什宝《じゅうほう》類、西蔵には古文書・典籍類がそれぞれ収納されています。

江戸時代の身延山絵図をみると、東蔵・西蔵の他に古仏堂という堂宇があり、御真骨宝《ごしんこつほう》蔵《ぞう》には伝来する仏像や日蓮聖人の御真蹟《ごしんせき》が納められていたことが古記録よりわかります。

身延文庫に所蔵される御宝物は、過去に調査・整理され『身延文庫所蔵文書・絵画目録』として刊行されています。資料目録ですので、文書・本尊・絵画・棟札といった分類がなされ、資料名が紹介されています。ここに掲載された資料は、「閲覧願《ねがい》」を身延文庫宛てに提出し、許可を得ると閲覧することができます（一部閲覧できない資料もありますし、閲覧できる日も限られています。要問い合わせ）。

最後に、身延山の調べ学習に行き詰まったら宝物館に在籍する学芸員に問い合わせるという方法があります。身延山に関する調べ学習は自宅でもできますが、やはり身延山に足を運び有識者に直接聞くことも時には必要といえましょう。

身延文庫と御宝物

身延山久遠寺所蔵の御宝物は、すべて「身延文庫」の所蔵となっています。身延文庫所蔵の御宝物は目録台帳に整理され、一部資料集に掲載されています。その主なものを次に挙げてみます。

1、『身延文庫所蔵文書・絵画目録』山梨県庁他

2、『身延文庫典籍目録』上中下巻　身延山久遠寺刊

3、『身延山久遠寺史料調査報告書』身延町教育委員会刊

身延山久遠寺所蔵の御宝物は、東蔵・西蔵・中蔵といっ

身延山学園から眺める宝蔵

た三つの蔵に収蔵されていました。現在は東蔵に書・絵画・彫刻・什器・什物《じゅうもつ》・棟札等、西蔵に古典籍・古文書、中蔵に歴代法主《ほっす》関係の御宝物がそれぞれ恪護《かくご》されています。

これらの宝蔵は身延山学園校舎の裏手にあり、一般公開されていませんので、身延山参詣者があまり目にすることはないと思います。『身延山図経《ずきょう》』には下図のように画かれていますので、その部分を紹介するとこのようになっています。

身延山伝来の御宝物は江戸時代に起こった数回の火災、そして明治八年（一八七五）の大火により、その多くが失われてしまいました。その中でも、日聖人の御真蹟は惜

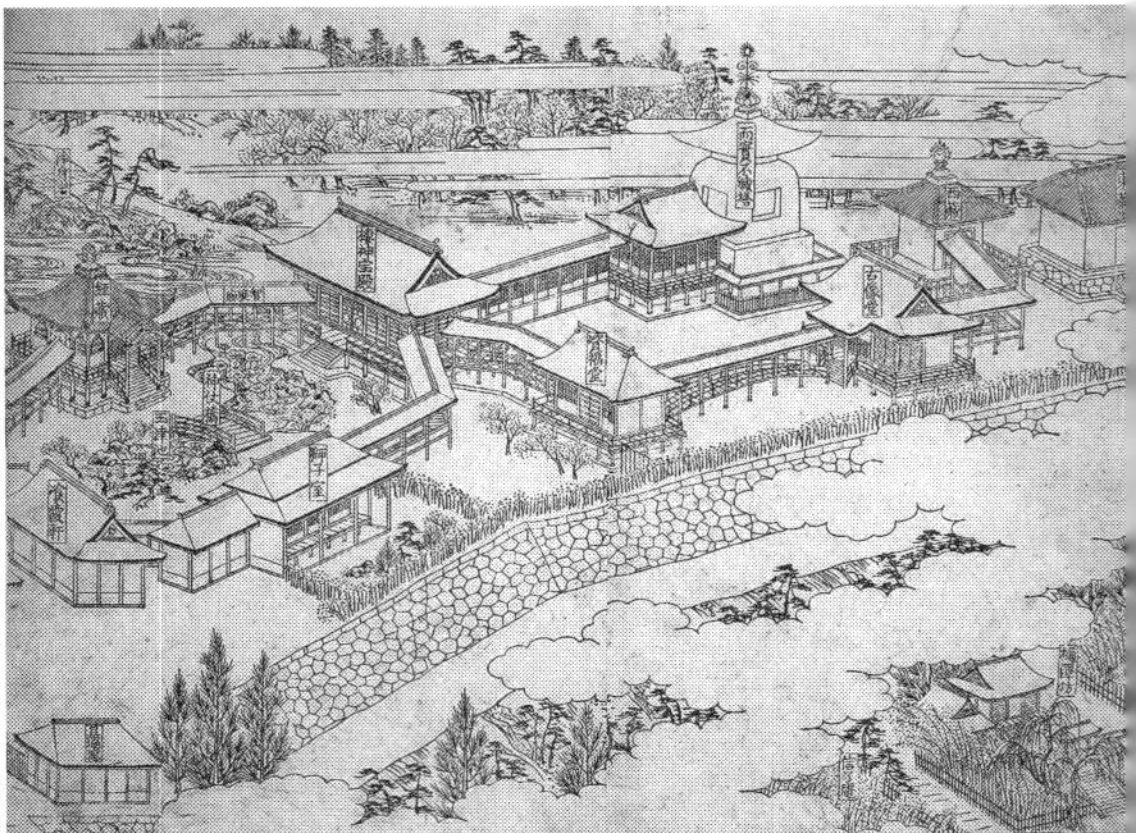

宝蔵付近の諸堂（『身延山図経』）

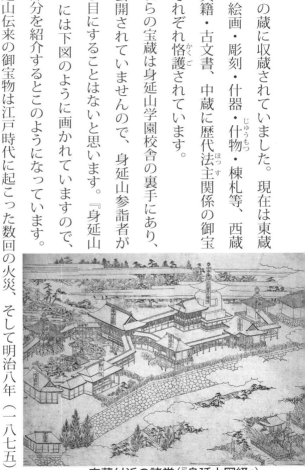

しまれる御宝物です。江戸時代の身延山の伽藍《がらん》を記した『身延山図経』をみますと、御真骨堂の近くに御真骨宝殿があり、貴重な御宝物が収蔵されていたことを知ることができます。

経典を収蔵する経蔵には一切経が収納され、江戸時代には上《うえ》の山域に建てられていたことが江戸時代の絵図より確認することができます。

『身延山諸堂記』の経蔵の箇所には「唐本《からほん》一切経」と記され、中国明《みん》代の版による経典が奉安されていました。この版経《はんぎょう》は現在、身延山大学附属図書館の書庫に貴重

経蔵㊨と山の上域の諸堂（『延嶽図経』妙栄寺蔵）

書として大切に保管されています。経典に関して調べてみますと、二十七世日境《にっきょう》上人代には天海《てんかい》版一切経が、三十三世日亨《にちこう》上人代には唐本一切経が、それぞれ収蔵されたことが当時の記録からわかります。天海版は江戸時代に天台宗の僧侶天海僧正が開版した一切経です。身延山に所蔵された天海版の経典は版経であり、それぞれの巻の奥書《おくがき》に、

一代蔵経　甲州身延山久遠寺輪堂
於武州江城暮当峯帰依大檀越懇志奉納之了（中略）
岜明歴（暦）第二年龍集丙申二月上浣六日
当嶺二十七嗣法　日境

と記されており、明暦《めいれき》二年（一六五六）二月十六日、二十七世日境上人代に江戸の信徒により寄進され

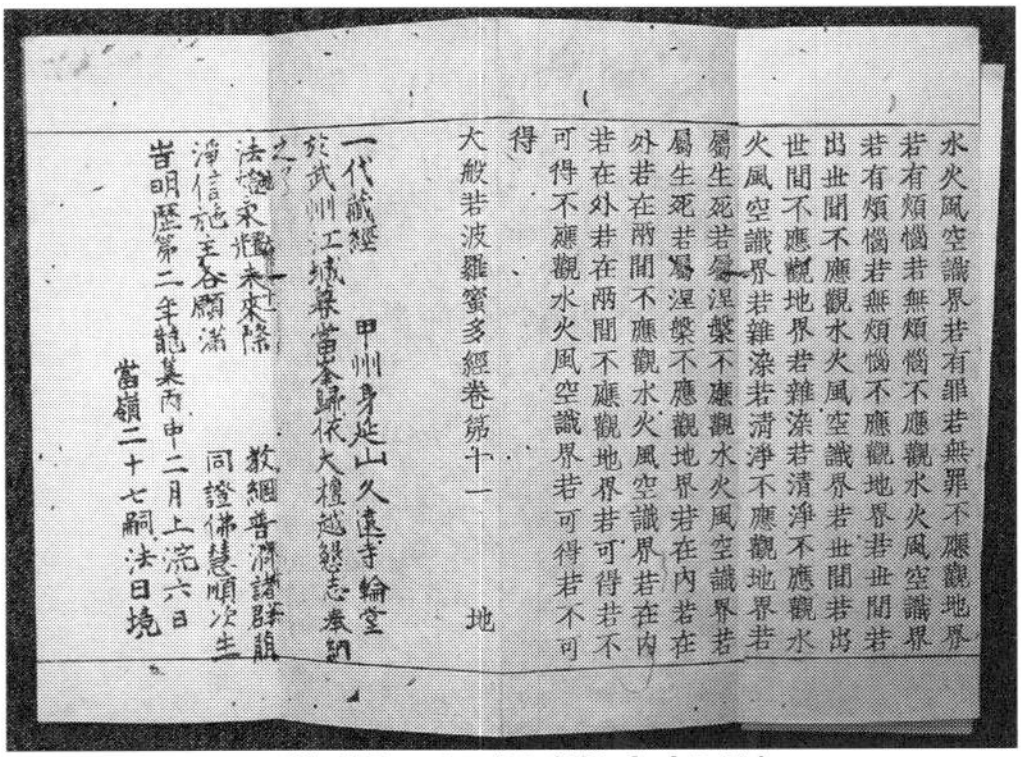
水火風空識界若有罪若無罪不應觀地界
若有煩惱若無煩惱不應觀水火風空識界
若有煩惱若無煩惱不應觀地界若世間若
出世間不應觀水火風空識界若世間若出
世間不應觀地界若雜染若清淨不應觀水
火風空識界若雜染若清淨不應觀地界若
屬生死若屬涅槃不應觀水火風空識界若
屬生死若屬涅槃不應觀地界若在內若在
外若在兩間不應觀水火風空識界若在內
若在外若在兩間不應觀地界若可得若不
可得不應觀水火風空識界若可得若不可
得
大般若波羅蜜多經卷第十一　地
一代藏經　甲州身延山久遠寺輪堂
於武州江城暮當峯歸依大檀越懇志奉納
之了
岜明歴第二年龍集丙申二月上浣六日
當嶺二十七嗣法日境

天海版一切経（巻末部分）

たことを知ることができます。これは今から約三百五十年ほど前のことで、当時の経典は輪蔵《りんぞう》という回転する経蔵に納められていたようです。経典の装丁は折本で、よく利用された経典を開くと汚れや傷みがみられ、過去に僧侶が勉学に勤しんでいた様子を偲ぶことができます。

このように、身延文庫の御宝物は山内の各所に安置され、開闢《かいびゃく》以来、歴代法主により護持されてきました。明治時代に入って、日修《にっしゅう》・日阜《にちふ》・日厳《にちごん》の歴代法主、そして風間随学《かざまずいがく》・本間海解《ほんまかいげ》・富木尭広《とみきぎょうこう》・岡島伊八《おかじまいはち》の各師による蔵書の寄贈があり、現在のような豊富な資料群になりました。他にも、身延文庫には仏像・仏具が収納されている収蔵庫があります。その主なものは紹介されましたが、未だ公開されていないものもあり、今後の調査研究が待たれるところです。

身延山検定

●初級

1、日蓮聖人を身延の地にお招きになった人は誰でしょうか。

A・南部実長《さねなが》　B・南部光行《みつゆき》　C・加賀美遠光《かがみとおみつ》　D・武田信玄

2、明治時代に大きな火災が全山を襲いましたが、これは明治何年のできごとですか。

A・明治元年　B・明治8年　C・明治14年　D・明治18年

3、身延山の祖師堂で開帳される仏像は何ですか。

A・鬼子母神《きしもじん》像　B・七面大明神像　C・三十番神像　D・日蓮聖人像

4、身延七面山に祀られる守護神像は何ですか。

A・鬼子母神像　B・七面大明神像　C・三十番神像　D・日蓮聖人像

5、日蓮聖人の誕生した場所は現在の何県ですか。

A・山梨県　B・千葉県　C・静岡県　D・神奈川県

6、日蓮聖人の誕生になった場所に建立された寺院は何といいますか。

A・妙法寺　B・本光寺　C・誕生寺　D・法華寺

7、七面山表参道登詣口から山頂堂宇まで何丁あるといわれていますか。

A・40丁　B・45丁　C・50丁　D・100丁

8、日蓮聖人はどこで火葬（荼毘《だび》）されたでしょうか。

A・池上　B・小湊　C・身延　D・鎌倉

9、JR身延線は現在どこからどこまで結ばれていますか。

A・東京～富士　B・甲府～韮崎　C・甲府～富士　D・静岡～富士

10、伝承によると、七面山山頂にいくつの池があるといわれていますか。

A・3つ　B・5つ　C・7つ　D・9つ

11、身延山奥之院は身延山総門から何丁の道程がありますか。

A・30丁　B・40丁　C・50丁　D・100丁

12、身延山奥之院は何閣と呼ばれていますか。

A・両親閣　B・思親閣　C・福寿閣　D・千寿閣

13、七面山に初めて女性として登詣し、女人禁制を解いた人は誰ですか。

A・お千代《ちよ》の方《かた》　B・お美代《みよ》の方　C・お大《だい》の方　D・お万《まん》の方

14、七面山山頂の堂宇の名称を何といいますか。

A・拝神院　B・啓信院　C・敬慎院　D・敬神院

15、加山又造《またぞう》画伯の描いた墨龍が祀られている身延山の堂宇を何といいますか。

A・祖師堂　B・御真骨堂　C・本堂　D・仏殿

16、現在の身延山宝物館はどの堂宇の地下にありますか。

A・本堂　B・祖師堂　C・御真骨堂　D・仏殿

17、身延山大学の図書館内には図書に関わる専門職がいます。その職種を何といいますか。

A・学芸員　B・司書　C・検事　D・技師

18、身延山久遠寺は山梨県の何町にありますか。

A・南部町　B・富士川町　C・身延町　D・市川三郷町

19、六老僧の中で身延山久遠寺の第二祖となったのは誰ですか。

A・日昭《にっしょう》上人　B・日興《にっこう》上人　C・日向《にこう》上人　D・日朗《にちろう》上人

20、身延山は日蓮聖人の時代、どこの国の中にありましたか。

A・駿河国　B・相模国　C・武蔵国　D・甲斐国

21、身延山の総門付近の積善坊《しゃくぜんぼう》が管理している稲荷を何といいますか。

A・出世《しゅつせ》稲荷　B・石割《いしわり》稲荷　C・経八《きょうはち》稲荷　D・願満《がんまん》稲荷

22、身延山三門楼上《ろうじょう》に祀られている仏像は何ですか。

A・五百羅漢像　B・十六羅漢像　C・六老僧像　D・南部実長像

23、身延山御廟所《ごびょうしょ》の南側に位置する山を何といいますか。

A・七面山　B・鷹取山　C・富士山　D・天子ケ岳

24、現在の身延山久遠寺の祖師堂に向かって左側（西側）にある堂宇は何ですか。

A・大黒堂　B・御真骨堂　C・仏殿　D・本堂

25、身延山御真骨堂には誰の遺骨が祀られていますか。

A・日朗上人　B・日向上人　C・日蓮聖人　D・南部実長

●中級

26、身延山における最初の五重塔は何時代に建立されましたか。

A・室町時代　B・江戸時代　C・明治時代　D・大正時代

27、身延山の総門付近にあり、総門の管理にあたっている坊を何といいますか。

A・山本坊《やまもとぼう》　B・山之坊《やまのぼう》　C・武井坊《たけいぼう》　D・円台坊《えんだいぼう》

28、身延山の女坂《おんなざか》を登りきったところにある門は何という門ですか。

A・仁王門　B・甘露門《かんろもん》　C・三門　D・解脱門《げだつもん》

29、目の神様・日朝上人《にっちょう》の御廟（御墓）のある坊を何といいますか

A・志摩坊《しまのぼう》　B・覚林坊《かくりんぼう》　C・大林坊《だいりんぼう》　D・大善坊《だいぜんぼう》

30、七面大明神の縁日は毎月何日ですか。

A・18日　B・19日　C・24日　D・25日

31、七面山の山頂堂宇のある場所は行政上、どの市町村に所属しますか。

A・早川町　B・身延町　C・南部町　D・富士川町

32、身延山本堂前にある菩提梯《ぼだいてい》の石段は何段ありますか。

A・240段　B・280段　C・287段　D・294段

33、日蓮聖人は身延山に約何年間お住まいになられたでしょうか。

A・7年間　B・8年間　C・9年間　D・10年間

34、平成30年現在の身延山久遠寺の法主《ほっす》（住職）は日蓮聖人以来何代目（何世）でしょうか。

A・90世　B・91世　C・92世　D・93世

35、身延山に最初に建立された五重塔の寄進者は誰でしょうか。

A・養珠院　B・蓮華院　C・福寿院　D・寿福院

36、上《うえ》の山丈六堂《じょうろくどう》に祀られている大きな仏像は何の像でしょうか。

A・釈迦像　B・日蓮聖人像　C・鬼子母神像　D・三光天子像《さんこうてんじぞう》

37、上の山大黒堂に祀られる大黒天像は誰の作と伝えられていますか。

A・日蓮聖人　B・日朗上人　C・日興上人　D・日向上人

38、上の山の十如坊《じゅうにょぼう》が管理する主な守護神堂を何といいますか。

A・鬼子母神堂　B・大黒堂　C・丈六堂　D・三光堂

39、七面山の池大神堂《いけたいじんどう》に安置される像は修験道《しゅげんどう》の祖に似ているといわれています。それは誰でしょうか。

A・最澄《さいちょう》　B・空海《くうかい》　C・役小角《えんのおづの(ぬ)》（役行者《えんのぎょうじゃ》）　D・大覚《だいがく》

40、日蓮宗の曼荼羅本尊に梵字《ぼんじ》で書かれている明王《みょうおう》が二つあります。その一つは何ですか。

A・孔雀《くじゃく》明王　B・不動明王　C・馬頭《ばとう》明王　D・烏枢沙摩《うすさま》明王

41、身延山の祖師堂は日蓮聖人の御魂が棲んでいることから「〇〇閣」といいますか。

A・棲神閣《せいしんかく》　B・法華閣　C・太閤閣《たいこうかく》　D・聖人閣

42、元は天狗や荒神であったといわれる身延山十萬部寺《じゅうまんぶじ》に祀られる守護神をなんといいますか。

A・鬼子母神　B・七面大明神　C・妙法両大善神　D・地神

43、七面大明神像は左手に宝珠を持っていますが、右手には何を持っていますか。
A・弓　B・剣　C・鍵　D・如意棒

44、龍女《りゅうにょ》成仏の話は法華経の何というお経に登場しますか。
A・法師功徳品《ほっしくどくほん》　B・提婆達多品《だいばだったほん》　C・如来寿量品《にょらいじゅりょうほん》　D・如来神力品《にょらいじんりきほん》

45、七面山は南部実長と日蓮聖人の弟子の誰が開きましたか。
A・日朗上人　B・日向上人　C・日頂《にっちょう》上人　D・日興上人

46、身延山久遠寺の所蔵する御宝物は○○文庫と呼ばれていますか。
A・東洋文庫　B・学芸文庫　C・甲州文庫　D・身延文庫

47、身延山内にある日蓮聖人高座石は何という坊にありますか。
A・覚林坊　B・清水坊《しみずぼう》　C・妙石坊《みょうせきぼう》　D・端場坊《はばのぼう》

48、身延町内にある久遠寺以外の日蓮宗本山は何という寺ですか。

A・妙法寺　B・法華寺　C・円実寺《えんじつじ》　D・本遠寺《ほんのんじ》

49、山梨県南部町内にある寺院で日蓮聖人が御入山の折に宿泊された寺院はどこですか。

A・妙浄寺《みょうじょうじ》　B・実教寺《じっきょうじ》　C・内船寺《ないせんじ》　D・顕本寺《けんぽんじ》

50、身延山の御草庵《ごそうあん》は日蓮聖人御在世当時、何間四面《けんしめん》の堂宇だったでしょうか。

A・五間四面　B・二十間四面　C・七間四面　D・十間四面

●上級

51、現在身延山内に再建された五重塔は身延山の歴史上何度目の建立になりますか。

A・2度目　B・3度目　C・4度目　D・5度目

52、現在の身延山五重塔は地上何メートルの高さがありますか。

A・29m　B・32m　C・39m　D・45m

53、現在上の山三光堂付近にあり、五重塔の最上部のみをとって建立された塔を何といいますか。

A・相輪塔《そうりんとう》　B・題目塔　C・五輪塔　D・宝篋印塔《ほうきょういんとう》

54、身延山の釈迦殿に祀られている立像の釈迦像は何時代の作と伝えられていますか。

A・平安時代　B・鎌倉時代　C室町時代　D・江戸時代

55、現在、日蓮宗名簿に登録されている身延山内支院の数はいくつでしょうか。

A・28カ坊　B・30カ坊　C・32カ坊　D・36カ坊

56、身延鉄道の創始者である堀内良平翁《おう》の顕彰碑があるのは身延山内のどの地域ですか。

A・本堂域　B・御廟所域　C・奥之院域　D・寺平域

57、久遠寺水鳴楼《すいめいろう》前（大奥前）の庭の上部に勧請されている稲荷を何といいますか。

A・穴守《あなもり》稲荷　B・永守《ながもり》稲荷　C・最上《さいじょう》稲荷　D・経八稲荷

58、七面山奥之院に祀られている巨石の名称を何といいますか。

A・法輪石　B・題目石　C・影向《ようごう》（嚮）石　D・法論石

59、現在の御真骨堂は何角形の堂宇でしょうか。

A・六角形　B・四角形　C・八角形　D・三角形

60、七面山敬慎院の別当《べっとう》を任命する人は誰ですか。

A・身延山棟梁　B・身延山法主　C・身延山一老職　D・身延山支院

61、日の旗曼荼羅を所蔵する八王子市内の寺院名（元東京押上《おしあげ》）を何といいますか。

A・妙法寺　B・法華寺　C・最教寺　D・本光寺

62、蒙古襲来に関して、福岡市東公園に立てられた銅像は誰の像ですか。

A・日蓮聖人像　B・釈迦像　C・鬼子母神像　D・七面大明神像

63、身延山久遠寺の江戸触頭《ふれがしら》で、現在谷中《やなか》に存在する本山を何といいますか。

A・法華経寺　B・妙法寺　C・瑞輪寺《ずいりんじ》　D・本覚寺《ほんがくじ》

64、江戸時代に身延山の祖師像が出開帳《でがいちょう》された深川の寺院名（宿寺《しゅくじ》）を何といいますか。

A・誕生寺　B・浄心寺　C・本光寺　D・妙法寺

65、関西身延と呼ばれる京都の本山を何といいますか。

A・頂妙寺《ちょうみょうじ》　B・立本寺《りゅうほんじ》　C・妙傳寺《みょうでんじ》　D・妙覚寺《みょうかくじ》

66、東身延と呼ばれる鎌倉の本山を何といいますか。

A・妙覚寺　B・本覚寺　C・妙本寺　D・龍口寺《りゅうこうじ》

67、神道で天照大神《あまてらすおおかみ》を祀る神社を何といいますか。

A・熱田《あつた》神宮　B・諏訪《すわ》大社　C・北野天満宮　D・伊勢神宮

68、中山智泉院《ちせんいん》流、遠寿院《おんじゅいん》流といった祈祷の流派がありますが、身延山の流派を何といいますか。

A・積善坊流　B・武井坊流　C・法喜坊《ほうきぼう》流　D・山本坊流

69、身延山祈祷の流派で中興の祖といわれ、雲切木剣《くもきりぼっけん》を所持した僧侶は誰ですか。

A・日礼《にちらい》上人　B・日具《にちぐ》上人　C・日順《にちじゅん》上人　D・日法《にっぽう》上人

70、初代五重塔が、後に移転された場所はどこですか。

A・奥之院域　B・御廟所域　C・東谷域　D・上の山域

71、身延山の輪番《りんばん》奉仕を行う折にいただくお守りを何といいますか。

A・法華の契　B・登詣の契　C・身延の契　D・霊山の契

72、身延山の菩提梯を寄進した佐渡の篤信者は誰ですか。

A・竹蔵　B・仁蔵　C・安蔵　D・武蔵

73、北陸地域で10棟が国の重要文化財に指定されている日蓮宗本山はどこですか。

A・妙法輪寺《みょうほうりんじ》　B・妙顕寺《みょうけんじ》　C・法華寺　D・妙成寺《みょうじょうじ》

74、身延山に現在の五重塔が建立（落慶《らっけい》）された年は何年ですか。

A・平成20年　B・平成21年　C・平成22年　D・平成23年

75、現在の図書館が建立される位置（背後）にあった身延山の寮を何といいますか。

A・法喜寮《ほうきりょう》　B・総務寮　C・東渓寮《とうけいりょう》　D・行学寮《ぎょうがくりょう》

76、日蓮聖人の伝記を独特の口調、抑揚ある語りで行う説教を何といいますか。

A・方便　B・弁論　C・繰り弁　D・法弁

77、日本橋小伝馬町《こでんまちょう》にある東京身延別院の開山は誰ですか。

A・日薩《にっさつ》上人　B・日鑑《にちかん》上人　C・日修《にっしゅう》上人　D・日静《にちじょう》上人

78、明治14年に久遠寺祖師堂の再建を成し遂げた久遠寺歴代法主は誰でしょうか。

A・日薩上人　B・日鑑上人　C・日修上人　D・日静上人

79、身延山の総門に現在掲げられている扁額は誰の書ですか。

A・日重《にちじゅう》上人　B・日遠《にちおん》上人　C・日脱《にちだつ》上人　D・日潮《にっちょう》上人

80、身延山内にあった檀林《だんりん》（僧侶の学校）は何といいますか。

A・小西《こにし》檀林　B・飯高《いいだか》檀林　C・西谷《にしだに》檀林　D・東山《ひがしやま》檀林

81、身延山内に最初に建立された五重塔はどこの信仰域に建てられましたか。

A・総門域　B・本堂域　C・上の山域　D・奥之院域

82、江戸城大奥女中で法華信仰をもち、十一代将軍家斉《いえなり》に仕えたのは誰ですか。

A・お万の方　B・お美代の方　C・お楽《らく》の方　D・お喜世《きよ》の方

83、日蓮聖人を慕って佐渡から３度身延山を訪れた人は誰ですか。

A・義浄房《ぎじょうぼう》　B・道善房《どうぜんぼう》　C・阿仏房《あぶつぼう》　D・丹波房《たんばぼう》

84、甲斐国内にある寺院で、日蓮聖人が鵜飼《うかい》の霊魂を救ったと伝えられる場所に建立された寺院は何ですか。

A・成妙寺《じょうみょうじ》　B・遠妙寺《おんみょうじ》　C・妙法寺　D・立正寺《りっしょうじ》

85、身延山支院で四条金吾《しじょうきんご》にゆかりのある寺院は何ですか。

A・窪之坊《くぼのぼう》　B・端場坊　C・本行坊《ほんぎょうぼう》　D・清水坊

86、身延山支院で六老僧日持《にちじ》上人にゆかりのある寺院はどこですか。

A・窪之坊　B・志摩坊　C・大善坊　D・大乗坊

87、中国の河北省張家口市宣化区《かほくしょうちょうかこうしせんかく》から発見された六老僧にまつわる御宝物が身延山に奉納されました。六老僧の誰に関係する御宝物でしょうか。

A・日朗上人　B・日興上人　C・日昭上人　D・日持上人

88、身延山水鳴楼に奉納された四季の襖絵は誰の作品でしょうか。

A・東山魁夷《かいい》氏　B・加山又造《またぞう》氏　C・平山郁夫《いくお》氏　D・竹内栖鳳《せいほう》氏

答え

●初級

1、A・南部実長
2、B・明治8年
3、D・日蓮聖人像
4、B・七面大明神像
5、B・千葉県
6、C・誕生寺
7、C・50丁
8、A・池上
9、C・甲府〜富士
10、C・7つ
11、C・50丁
12、B・思親閣
13、D・お万の方
14、C・敬慎院
15、C・本堂
16、A・本堂
17、B・（図書館）司書
18、C・身延町
19、C・日向上人
20、D・甲斐国
21、B・石割稲荷
22、B・十六羅漢像
23、B・鷹取山
24、D・本堂
25、C・日蓮聖人

●中級

26、B・江戸時代
27、B・山之坊

28、B・甘露門
29、B・覚林坊
30、B・19日
31、B・身延町
32、C・287段
33、C・9年間
34、C・92世
35、D・寿福院
36、A・釈迦像
37、A・日蓮聖人
38、A・鬼子母神堂
39、C・役小角（役行者）
40、B・不動明王
41、A・棲神閣
42、C・妙法両大善神
43、C・鍵
44、B・提婆達多品
45、A・日朗上人
46、D・身延文庫
47、C・妙石坊
48、D・本遠寺
49、A・妙浄寺
50、D・十間四面

●上級

51、B・3度目
52、C・39m
53、A・相輪塔
54、B・鎌倉時代
55、C・32ヵ坊
56、D・寺平域
57、B・永守稲荷
58、C・影向（嚮）石

59、C・八角形
60、B・身延山法主
61、C・最教寺
62、A・日蓮聖人像
63、C・瑞輪寺
64、B・浄心寺
65、C・妙傳寺
66、B・本覚寺
67、D・伊勢神宮
68、A・積善坊流
69、C・日順上人

70、D・上の山域
71、D・霊山の契
72、B・仁蔵
73、D・妙成寺
74、B・平成21年
75、C・東渓寮
76、C・繰り弁
77、A・日薩上人
78、B・日鑑上人(74世)
79、D・日潮上人(36世)
80、C・西谷檀林

81、B・本堂域
82、B・お美代の方
83、C・阿仏房
84、B・遠妙寺
85、B・端場坊
86、A・窪之坊
87、D・日持上人
88、B・加山又造氏

おわりに

本書は、教報『みのぶ』に平成二十一年から同二十四年の間に連載したものを内容別に分類して一書に纏め、刊行したものです。

身延山という霊場を知るには、文献資料を紐解くだけでなく、歩いてみることが肝心です。特に身延山内の霊場上《うえ》の山域は、本堂裏手にある隠れた霊場であり、霊場入口にある総門付近も車社会になった今では通り過ぎることが多く、散策してみると発見できることが多々あります。身延山の三門付近には、詩人であり童話文学者として知られる宮沢賢治の歌碑があります。

塵点《じんてん》の　劫をし過ぎていましこの　妙《たえ》のみ法《のり》に　あひまつりしを

という短歌ですが、身延山に登詣した賢治が、日蓮聖人の霊場身延山に参拝して法華経の教えに巡り会えた悦びを詠ったものです。他にも、身延山内には法華経を信奉する人々が登詣し、山内各所にその足跡を遺しています。

立ち渡る　身の浮雲《うきぐも》も晴れぬべし　妙《たえ》の御法《みのり》の　鷲《わし》の山風

これは身延山という霊場を詠った歌ですが、伝承によると日蓮聖人が身延山で自ら詠われたといわれるものです。

釈尊はインドの霊鷲山で法華経を説かれましたが、日蓮聖人は身延山を霊鷲山《りょうじゅせん》に見立て、法華信仰の山として位置づけています。「法華和讃《わさん》」（歌題目）の「聖詠《せいえい》」の中にも詠われており、日蓮聖人ご降誕八〇〇年を二年後に迎えようとする今でも、身延山内には霊山《りょうぜん》としての霊気が漲《みなぎ》っています。これは日蓮宗の檀信徒のみならず、法華宗各派や法華系新宗教といった日蓮聖人を信奉する多くの方々が身延山を訪れることからもわかります。本書を機に、読者の皆様が身延山という法華霊場を歩くきっかけとなれば有り難い次第です。

なお、本書は一般の読者を対象としたため、引用資料はなるべく現代文に直し、出典を簡略化して、時には付されていない箇所がありますことをご了承下さい。

最後に、本書の刊行、特に本文の校正・浄書にあたり、身延山大学仏教学部・木村中一《きむらちゅういち》准教授、身延山久遠寺宝物館・林是恭《はやしぜきょう》学芸員のご協力を得ました。そして、日蓮宗新聞社出版部責任者・西條義昌《さいじょうぎしょう》氏、同社出版部・室岡伸隆《むろおかしんりゅう》氏に本書のレイアウト・校正等の編集作業にあたっていただき、短期間のうちに刊行に漕ぎ着けることができました。記して感謝申し上げます。

本書を刊行するにあたり、身延山大学仏教学部より平成三十年度出版助成金を得ました。記してその学恩に謝する次第です。

望月　真澄

さだるま新書の発刊にあたって

現代人は飽食して健康を乱し、衣服充ち足りて調和に迷い、知識の山にうずもれて指標を見失っています。

今、人びとが望んでいるのは、心に潤《うるお》いを与え、人生に希望をうながし、心身の蘇《よみがえ》りをもたらす心の糧《かて》であります。

《さだるま新書》は、このような時にあたって、法華経のこころ、日蓮聖人のおしえの精髄を、読みやすいすがたで皆様にお届けしたいと念じます。

《さだるま》とは、「妙法」を意味するサンスクリット語の表音です。温かい声援と素朴な祈り、そして率直な批判をお寄せください。

平成十八年六月

日蓮宗新聞社

さだるま新書 21

もっと知りたい身延山

―身延山検定付―

著者 望月 真澄

発行 平成三十一年三月二十一日 初版発行

発行所 日蓮宗新聞社
〒一四六-〇〇八二 東京都大田区池上七丁目二三番二号
電話 東京（〇三）三七五五-五二七一㈹
ファックス（〇三）三七五三-七〇二八

編集／装丁 日蓮宗新聞社／出版部

印刷所
モリモト印刷株式会社
〒一六二-〇八一三 東京都新宿区東五軒町三番一九号
電話 東京（〇三）三二六八-六三〇一㈹

発売元 日蓮宗新聞社 振替〇〇一三〇-〇-五二一四七番

ISBN978-4-89045-431-0